日本語で楽しむ旅

일본어로 즐기는 여행

박복원 · 강희석 · 최태화 · 이재성 공저

백산출판사

최근 한국관광공사의 통계에 따르면, 연간 2000만 명 이상의 한국인이 외국으로 여행을 떠나고 있습니다. 그런데 모처럼 이루어진 외국여행에서, 외국어를 몰라 여행한 나라에 대해 눈에 비치는 피상적인 것만 보고 여행을 끝내버리는 경우가 종종 있습니다.

해외여행은 소중한 시간과 추억이 공존하는 공간이기 때문에 시각적으로 접한 것을 언어적인 소통을 통해, 가벼운 대화라도 나눌 수 있으면 여행은 깊이를 더해, 그 민족과 사회에 뿌리 깊이 내재되어 있는 고유의 문화까지 느낄 수 있을 것입니다.

현대 사회의 글로벌화에 따라, 비즈니스 관계로 많은 외국인들이 한국을 방문하고, 한국에서 활약하는 외국인도 많이 늘어나면서, 영어 이외의 다양한 외국어를 배우는 분들이 많이 늘어났습니다. 따라서 외국인과의 커뮤니케이션을 위해서 외국어 구사능력은 매우 중요하며, 외국어를 통해서 국제적인 감각이나 시야가 넓어지고 마음의 여유를 가질 수 있는 것도 사실입니다.

이 책은 일본생활 경험과 여행지식을 충분히 살려, 최소한의 실용일본어를 제시함에 따라 누구나 자신감을 가지고, 편안한 마음으로 대화할 수 있도록 구성하였습니다. 따라서 어렵고 복잡한 전문용어보다는 알기 쉽고 간단한 일상적인 언어를 선택하여 활용하였습니다.

출국에서 귀국까지의 표준적인 여행코스를 따라 여러 가지 상황을 설정하여 각각의 상황으로 주고받은 다양한 표현을 수록하고 있습니다. 또한 대화가 자연스럽게 나올 수 있도록 많은 그림과 도표 등을 사용하는 동시에, 일본여행에 있어 필요한 지식이나 매너 등을 함께 포함시켜 독자 여러분들의 이해를 높이려 노력하였습니다.

이 책의 내용을 익히기만 하면 별다른 어려움 없이 일본여행이나 일상생활 · 회화가 가능할 것입니다. 편안한 마음으로 무리 없이 일본어를 익혀서 유창한 일본어를 할 수 있도록 자신감을 가지고 시작하십시오.

2017년

저자 씀

목차

출국

교통

호텔

식사

쇼핑

관광

병원

귀국

출국

1 출국 전 준비

1. 여권(パスポート)

パスポートは海外旅行をする上で必須のアイテムです。空港や港で忘れると出国することができないほか、海外で紛失すると再発行されるまで韓国に帰れなくなります。

여권은 외국여행을 하기 위해서는 필수 항목입니다. 공항이나 항구 같은데서 잊어버리면 출국할 수가 없을 뿐만 아니라, 외국에서 분실하면 재발행 받기까지 한국으로 돌아올 수 없게 됩니다.

パスポートは欲しいと思ってもその日のうちにもらえるものではありません。海外旅行が決まったら何より先にパスポートの申請を行い、早めにパスポートを入手するようにしてください。

여권은 필요하다고 해서 바로 발급받을 수 있는 것이 아닙니다. 외국여행을 가기로 했다면 무엇보다도 먼저 여권을 신청해서 빠른 시일 내에 여권을 손에 넣도록 하세요.

2. 여행자 보험(海外旅行保険)

海外旅行に行けば、現地でどのようなトラブルに見舞われるか予測がつきません。もしものときのために、海外旅行保険には必ず加入しておくようにしましょう。

외국으로 여행을 가면, 현지에서 어떤 트러블이 발생할지 예측할 수 없습니다. 만약을 위해서 해외여행자보험은 반드시 가입하도록 합시다.

❶ 交通事故をはじめさまざまな事故でケガをしたとき

교통사고를 비롯한 여러 가지 사고로 상처를 입었을 때

❷ かぜ、盲腸などの病気にかかったとき

감기나 맹장 같은 병에 걸렸을 때

❸ 他人にケガをさせたり、お店の商品を壊した、ホテルの客室を水浸しにしたなどで損害賠償を負ったとき

남에게 상처를 입히거나, 가게의 상품을 파손하거나 호텔 객실을 물바다로 만든 이유로 손해배상을 당하였을 때

❹ スーツケース、カメラ、時計などが盗難に遭ったり、落として破損してしまったとき

여행 가방, 카메라, 시계 등을 도난당하거나, 떨어트려 파손되었을 때

❺ 悪天候、機体の異常などにより、搭乗予定の航空機が欠航し、予定外の宿泊代・食事代等を自己負担したとき

악천후, 기체 이상 등으로 탑승 예정인 항공기가 결항하여 예정에 없던 숙박비・식사비를 자기가 부담했을 때

海外旅行の保険

出発前にサッと加入！
高額になりがちな海外での
ケガ・病気の治療費に備える

3. 환전(両替)

韓国国内で両替する場合は、日本円を両替できるところがたくさんあります。空港や港の他、市内の銀行などで安心して換金できます。レートは場所によって異なりますが、公認両替所、銀行、空港（銀行、両替所）、ホテルの順に悪くなっていきますのが一般的です。

한국 국내에서 환전하는 경우, 일본 엔을 환전할 수 있는 곳이 많이 있습니다. 공항이나 항구 외에, 시중은행 등에서도 바꿀 수 있습니다. 가격은 장소에 따라 다릅니다만, 공인환전소, 은행, 공항, 호텔 순으로 되어 있는 것이 일반적입니다.

4. 돈(お金) – 동전

1円 (1엔)

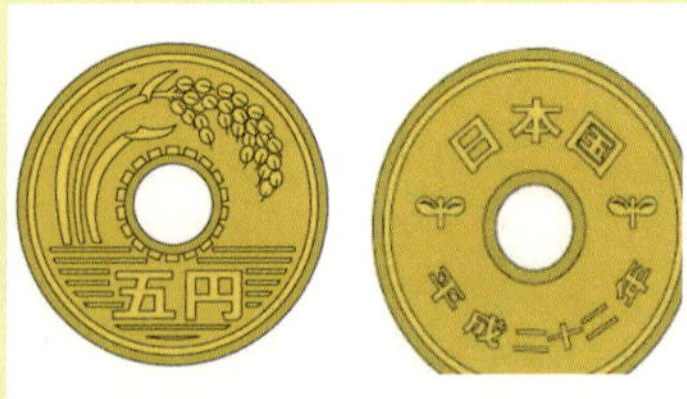

5円 (5엔)

10円 (10엔)

50円 (50엔)

100円 (100엔)

500円 (500엔)

5. 돈(お金(かね)) — 지폐

千円(せんえん) (천 엔)

二千円(にせんえん) (이천 엔)

五千円(ごせんえん) (오천 엔)

一万円(いちまんえん) (만 엔)

2 출국 절차

旅客機に搭乗する前にはさまざまな出国手続きをします。

여객기에 탑승하기 전에는 여러 가지 출국수속을 합니다.

1. 공항도착(空港到着)

空港への到着は通常、出発の約2時間前までに。

통상 출발 2시간 전까지는 공항에 도착해야 합니다.

2. 탑승수속(搭乗手続き)

到着したらまずは搭乗手続きを行います。自分の利用するエアラインのカウンターに移動し、手続きを行います。

도착하면 먼저 탑승수속을 해야 합니다. 자신이 이용할 에어라인의 카운터로 가서 수속을 해야 합니다.

カウンターで航空券とパスポートを渡すと、搭乗券を発行してくれます。

카운터에서 항공권과 여권을 건네면 탑승권을 발행해 줍니다.

スーツケースなどの預ける荷物はこのチェックイン時にカウンターに預け(X線検査あり)、手荷物引換証を受け取(と)ります。

슈트케이스 등의 맡길 물건은 체크인 할 때에 카운터에 맡기고(X선 검사 있음), 수하물 인환증을 받습니다.

3. 보안 체크(セキュリティ チェック)

ハイジャック防止(ぼうし)などのために、機内(きない)の席(せき)まで持(も)ち込(こ)む荷物(にもつ)と、ボディーのチェックを受(う)けます。荷物(にもつ)はX線(せん)による検査装置(けんさそうち)を通(とお)ります。搭乗客(とうじょうきゃく)のボディチェックは、金属探知機(きんぞくたんちき)のゲートをくぐります。

항공기 납치 등의 방지를 위해 기내로 반입하는 짐과 보디 체크를 받습니다. 짐은 X선에 의한 검사・장치를 통과합니다. 탑승객의 보디 체크는 금속 탐지기의 게이트를 빠져나갑니다.

4. 세관수속(税関手続き)

時計、ネックレス、指輪などの外国製品を韓国から持ち出す場合や、規定以上の高額現金を持ち出す場合にはこの税関カウンターで申告を行います。

시계, 목걸이, 반지 같은 외국제품을 한국에서 반출하는 경우나, 규정 이상의 고액현금을 가지고 나가는 경우에는 세관 카운터에 신고를 합니다.

5. 출국심사(出国審査)

出国審査カウンターに進み、パスポートと搭乗券の2点を提示して審査を受けます。

출국심사대로 나아가, 여권과 탑승권 두 가지를 제시하고 심사를 받습니다.

6. 탑승게이트로 이동(搭乗ゲートへ移動)

すべての出国手続きを終えたら、搭乗ゲートに移動します。

모든 출국수속이 끝나면, 탑승게이트로 이동합니다.

7. 탑승(搭乗)

搭乗時間になったら、係員の案内に従って、搭乗券を提示して、確認をしてもらい機内へ。

탑승시간이 되면, 담당직원의 안내에 따라, 탑승권을 제시하고, 확인을 받은 후에 기내로 들어갑니다.

3 공항 표지판

あんないしょ
案内所
안내소

じょうほう
情報コーナー
정보코너

しき
コイン式インターネット
코인식 인터넷

でん わ
電話
전화

けいたいでん わ じゅうでん き
携帯電話充電器
휴대전화 충전기

て あら
お手洗い
화장실

車椅子(くるまいす)対応(たいおう)トイレ

휠체어 대응 화장실

授乳室(じゅにゅうしつ)

수유실

AED

AED

救護室(きゅうごしつ)

구호실

レストラン

레스토랑

店舗(てんぽ)・売店(ばいてん)

점포・매점

まちあいしつ
待合室
대합실

て に もつうけとりしょ
手荷物受取所
수하물 찾는 곳

キャッシュサービス
현금 입출금 서비스

コインロッカー
코인 로커

エレベーター
엘리베이터

けいさつ
警察
경찰

喫煙所(きつえんしょ)

담배 피는 곳

郵便(ゆうびん)ポスト

우체통

レンタカーカウンター

렌터카 카운터

バス乗(の)り場(ば)

버스 승강장

タクシー乗(の)り場(ば)

택시 승강장

水(みず)飲(の)み場(ば)

물 마시는 곳

4 체크인

- 往復(おうふく)(왕복)
- 片道(かたみち)(편도)
- 出発地(しゅっぱつち)(출발지)
- 目的地(もくてきち)(목적지)
- 出発日(しゅっぱつび)(출발일)
- 現地出発日(げんちしゅっぱつび)(현지출발일)
- 大人(おとな)(어른)
- 子供(こども)(아이)
- 幼児(ようじ)(유아)

クラス(class)

- ファースト(first)
- ビジネス(business)
- エコノミー(economy)

チェックインカウンターはどこですか。
체크인 카운터는 어딥니까?

KALのカウンターはどこですか。
대한항공 카운터는 어딥니까?

あちらです。
저쪽입니다.

搭乗(とうじょう)手続(てつづ)きをお願(ねが)いします。
탑승수속을 부탁드립니다.

パスポートと航空券(こうくうけん)を見(み)せてください。
여권과 항공권을 보여주세요.

はい、どうぞ。
예, 여기 있어요.

窓側の席にしてもらいたいのですが。

창 쪽 자리로 하고 싶습니다만.

家族(友達)と一緒に座りたいのですが。

가족(친구)과 같이 앉고 싶습니다만.

預け入れる荷物が1つあります。

맡길 짐이 하나 있습니다.

壊れ物が入っていますか。

깨어질 물건이 들어 있어요?

ノートパソコンが入っています。

노트북이 들어 있습니다.

20キロオーバーです。

20㎏ 초과입니다.

4500円いただきます。

요금은 4500엔입니다.

これは機内に持ち込みます。

이것은 기내로 가지고 갈 것입니다.

これが搭乗券です。

이것이 탑승권입니다.

36番ゲートから搭乗してください。

36번 게이트에서 탑승하세요.

ありがとう。

감사합니다.

5 탑승구

アシアナ305便は何番ゲートですか。

아시아나 305편은 몇 번 게이트입니까?

31番ゲートです。

31번 게이트입니다.

搭乗開始は何時からですか。

탑승은 몇 시부터입니까?

搭乗口1番はどこですか。

탑승구 1번은 어디입니까?

UA830便はどこから出発しますか。

UA830편은 어디서 출발합니까?

KAL543便の搭乗口はここですか。

KAL543편의 탑승구는 여깁니까?

6 기내

ようこそ、いらっしゃいませ。

환영합니다. 어서 오십시오.

ご搭乗(とうじょう)ありがとうございます。

탑승해주셔서 감사합니다.

私(わたし)の席(せき)はどこですか。

제 좌석은 어딥니까?

座席(ざせき)に案内(あんない)してください。

좌석으로 안내해 주세요.

搭乗券(とうじょうけん)を拝見(はいけん)してもいいですか。

탑승권을 보여주시겠습니까?

これです。

이것입니다.

座席番号は34-Bですね。

좌석번호는 34-B이군요.

こちらへどうぞ。

이쪽으로 오세요.

バッグが入(はい)らないんです。

가방이 들어가지 않아요.

• 3辺(へん)の合計(ごうけい)が115cm以内(いない)。重(おも)さが7kg～20kg以内(いない)というところが多(おお)いです。

3변의 합계가 115㎝ 이내. 무게가 7㎏~20㎏인 경우가 많습니다.

荷物(にもつ)はここに置(お)いてもいいですか。

짐은 여기에 두어도 되나요.

1. 기내 용어

座席番号(ざせきばんごう)
좌석번호

空港券(くうこうけん)
항공권

搭乗券(とうじょうけん)
탑승권

手荷物(てにもつ)
수하물

枕(まくら)
베개

毛布(もうふ)
담요

酸素(さんそ)マスク
산소마스크

救命胴衣(きゅうめいどうい)
구명동의

非常口(ひじょうぐち)
비상구

イヤホーン
이어폰

呼(よ)び出(だ)しボタン
호출 버턴

時差(じさ)
시차

離陸(りりく)
이륙

着陸(ちゃくりく)
착륙

窓側(まどがわ)
창 쪽

通路側(つうろがわ)
통로 쪽

禁煙席(きんえんせき)
금연석

紙(かみ)タオル
종이타월

スチュワーデス
스튜어디스

7 기내 서비스

みなさま、
成田(なりた)までの機内(きない)サービスについてご案内(あんない)いたします。

승객 여러분!
나리타까지의 기내 서비스에 대해 안내해 드리겠습니다.

まもなく飲(の)み物(もの)をお持(も)ちいたします。

곧이어 음료수를 갖다 드리겠습니다.

そのあとお食事(しょくじ)をお楽(たの)しみください。

그 뒤에 식사를 즐겨주세요.

お飲(の)み物(もの)は何(なに)がよろしいですか。

음료수는 무엇으로 하시겠습니까?

どんな飲(の)み物(もの)がありますか。

어떤 음료수가 있습니까?

コーヒー、紅茶(こうちゃ)、ジュース、コーラ、ビール、カクテルなどがあります。

커피, 홍차, 주스, 콜라, 맥주, 칵테일 등이 있습니다.

ジュースをお願(ねが)いします。

주스를 부탁드립니다.

お食事(しょくじ)は牛肉(ぎゅうにく)と魚(さかな)とどちらになさいますか。

식사는 소고기와 생선 중 어느 쪽으로 하시겠습니까?

牛肉(ぎゅうにく)にします。

소고기로 하겠습니다.

ウイスキーをください。

위스키를 주세요.

オレンジジュースをください。

오렌지 주스를 주세요.

えいせいぶくろをください。

위생주머니를 주세요.

スポーツ新聞(しんぶん)はありますか。

스포츠 신문 있습니까?

日本(にほん)の新聞(しんぶん)がありますか。

일본 신문이 있습니까?

雑誌(ざっし)を見(み)せてください。

잡지를 보여주세요.

羽田(はねだ)までは後(あと)どのくらいかかりますか。

하네다까지는 앞으로 얼마 정도 걸립니까?

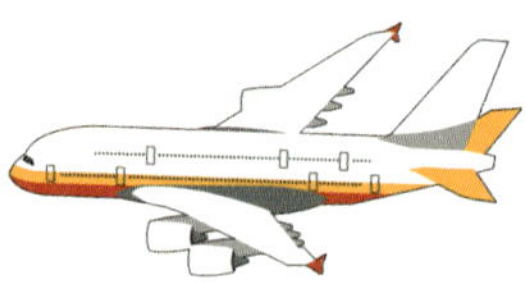

約(やく)1時間(じかん)ぐらいです。

약 1시간 정도입니다.

8 기내판매

ただいまから機内販売を致します。

지금부터 기내판매를 하겠습니다.

たばこを見せてください。

담배를 보여주세요.

洋酒を見せてください。

양주를 보여주세요.

どこの会社の物ですか。

어느 회사의 것입니까?

どんなブランドがありますか。
어떤 브랜드가 있나요?

これにします。
이것으로 하겠습니다.

かしこまりました。
알겠습니다.

化粧品(けしょうひん)	コニャック	ボールペン	ネクタイ
화장품	코냑	볼펜	넥타이

ウイスキー	チョコレート	香水(こうすい)	宝石(ほうせき)
위스키	초콜릿	향수	보석

9 입국심사

- 비행기가 공항에 착륙하면 「Arrival」 표지를 따라 나가면 검역, 입국심사, 세관검사의 순서로 입국심사가 진행된다.

到着 → 検疫検査 → 入国審査 → 税関

- 입국 심사장 창구의 적색표시는 「일본인」 및 「재입국자」, 녹색표시는 「외국인」 대상의 심사창구이다.
  한국인은 녹색인 「外国人」 표시 창구에서 입국심사를 받는다. 적색표시인 「日本人」 창구에서 입국심사를 받으려고 하여도 심사를 거절당하므로 처음부터 「外国人」 창구에서 입국심사를 받도록 한다.

- 자기 차례가 되면 여권(パスポート)과 출입국카드(出入国カード)를 제출하면 여행목적, 체류기간, 여행비용, 돌아갈 비행기표 등을 질문하고 여기에 대한 답변이 끝나면 상륙허가 스탬프를 찍어준다.

- 일본 입국카드는 한문이나 영문으로 작성해야 하며, 방문 목적 등을 명확하게 기록하는 것이 좋다. 특히 숙박하게 될 호텔 이름이나 주소는 정확하게 기입해야 한다.

1. 일본 입국카드

出入国カードの書き方
The way to fill out an E/D card

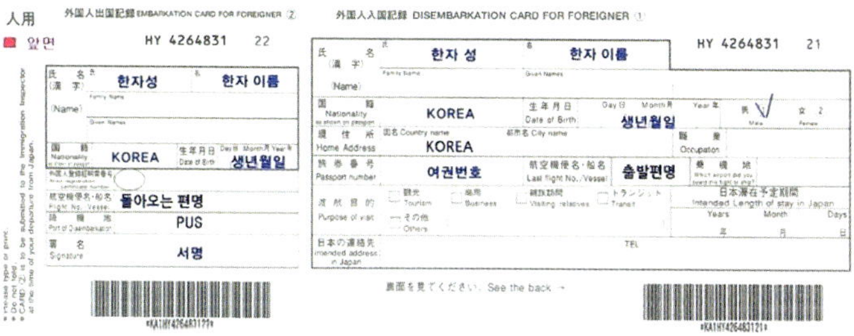

人用
앞면
外国人出国記録 EMBARKATION CARD FOR FOREIGNER ②
HY 4264831 22
한자성
한자 이름
KOREA
생년월일
돌아오는 편명
PUS
서명
外国人入国記録 DISEMBARKATION CARD FOR FOREIGNER ①
HY 4264831 21
한자 성
한자 이름
KOREA
생년월일
KOREA
여권번호
출발편명
裏面を見てください。 See the back →

■ 뒷면

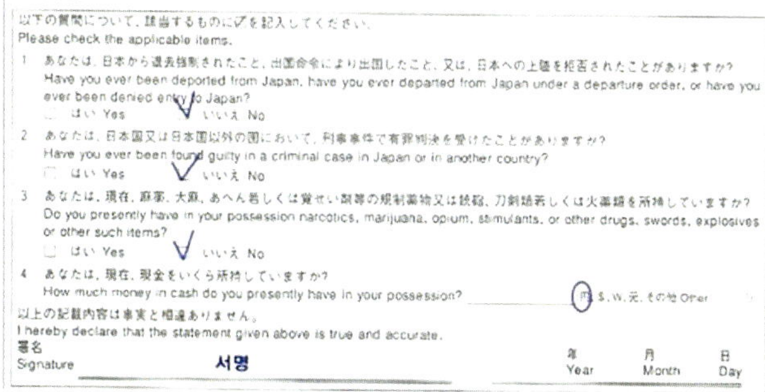

以下の質問について、該当するものに☑を記入してください。
Please check the applicable items.
1 あなたは、日本から退去強制されたこと、出国命令により出国したこと、又は、日本への上陸を拒否されたことがありますか?
Have you ever been deported from Japan, have you ever departed from Japan under a departure order, or have you ever been denied entry to Japan?
はい Yes
いいえ No
2 あなたは、日本国又は日本国以外の国において、刑事事件で有罪判決を受けたことがありますか?
Have you ever been found guilty in a criminal case in Japan or in another country?
はい Yes
いいえ No
3 あなたは、現在、麻薬、大麻、あへん若しくは覚せい剤等の規制薬物又は銃砲、刀剣類若しくは火薬類を所持していますか?
Do you presently have in your possession narcotics, marijuana, opium, stimulants, or other drugs, swords, explosives or other such items?
はい Yes
いいえ No
4 あなたは、現在、現金をいくら所持していますか?
How much money in cash do you presently have in your possession?
以上の記載内容は事実と相違ありません。
I hereby declare that the statement given above is true and accurate.
署名
Signature
서명
年
Year
月
Month
日
Day

パスポートを拝見(はいけん)します。

여권을 보여주세요.

はい、どうぞ。

예, 여기 있어요.

入国(にゅうこく)の目的(もくてき)は何(なん)ですか。

旅行(りょこう)の目的(もくてき)は何(なん)ですか。

입국(여행)목적은 무엇입니까?

観光(かんこう)です。

관광입니다.

ビジネスです。

비즈니스입니다.

どのくらい滞在(たいざい)しますか。

얼마 정도 체재합니까?

十日(とおか)間滞在(かんたいざい)の予定(よてい)です。

10일간 머물 예정입니다.

どちらにお泊(とま)りですか。

どこに滞在(たいざい)しますか。

숙소는 어디세요?

友達(ともだち)の家(いえ)です。

친구 집입니다.

国際(こくさい)ホテルに泊(と)まる予定(よてい)です。

국제 호텔에 머물 예정입니다.

楽(たの)しい旅行(りょこう)を

즐거운 여행되세요.

ありがとう。

고마워요.

10 수하물

手荷物はどこで受け取れますか。

수하물은 어디서 찾을 수 있어요?

手荷物受取所はどこですか。

수하물 찾는 곳은 어디에요?

乗ってきた航空便は何ですか。

타고 온 항공편은 무엇입니까?

KAL732便です。

KAL732편입니다.

私のスーツケースがまだ出ません。

제 여행 가방이 아직 나오지 않아요.

今調べていますのでしばらくお待ちください。

지금 조사하고 있으니까 잠깐 기다려 주세요.

11 세관

1. 일본 휴대품 신고서

■ 앞면 (A면)

세관 양식 C 제 5360-C호

휴대품·별송품 신고서

하기 및 뒷면의 사항을 기입하여 세관직원에게 제출하여 주시기 바랍니다.

탑승기(선박)편명		출발지 부산	
입국일자	년	월	일
성 명 (영문)	성 (Surname)	이름 (Given Name)	
주 소 (체류지)			
	전화번호		
국 적		직 업	
생년월일	년	월	일
여권번호			
동반가족	20세 이상	6세 ~ 20세 미만	6세 미만

※아래 질문에 대하여 해당하는 □란에 "✓"표시하여 주시기 바랍니다.

1. 다음 물품을 가지고 있습니까?

	있음	없음
(1) 일본으로 반입이 금지되어 있는 물품 또는 제한되어 있는 물품 (B면을 참조).	□	√
(2) 면세 허용 범위 (B면을 참조)를 초과한 물품·토산품·선물 등 물품.	□	√
(3) 상업성 화물·상품 견본.	□	√
(4) 다른사람의 부탁으로 대리 운반하는 물품	□	√

* 상기 항목에서 「있음」을 선택한 분은 B면에 입국시에 휴대하고 반입할 물품을 기입해 주시기 바랍니다.

2. 100만엔 상당액을 초과하는 현금 또는 유가증권 등을 가지고 있습니까? 있음 □ 없음 √

* 「있음」을 선택한 분은 별도로 「지불 수단등의 휴대 수입 신고서」를 작성할 필요가 있습니다.

3. 별송품 입국할 때에 휴대하지 않고 택배 등의 방법을 이용하여 별도로 보내신 짐(이삿짐을 포함)등이 있습니까?

□ 있음 (　　　개) √ 없음

* 「있음」을 선택하신 분은 입국시에 휴대하고 반입할 물품을 B면에 기입한 후 이 신고서를 2 장 세관에 제출하여 세관의 확인을 받을 필요가 있습니다. 세관에서 확인을 받은 신고서는 향후 별송품을 통관시킬 때 면세 범위 확인시 필요하니 잘 보관해 두시기 바랍니다.

《주의 사항》

해외에서 구입하신 물건, 남으로부터 부탁받은 물건 등을 일본으로 반입할 때는 일본 세관에 신고하고 필요한 검사를 받아야 합니다.
세관 검사에 협조하여 주시기 바랍니다.
또한 신고 누락, 허위 신고 등 부정한 행위가 있으면 일본 관세법에 따라 처벌을 받을수 있습니다.

세관신고에 협조해 주셔서 대단히 감사합니다

■ 뒷면 (B면)

먼저 A면을 기입해 주시기 바랍니다.《신고는 정확하게!》
(불명확한 부분은 세관직원에게 문의하시기 바랍니다.)

※ 입국시에 휴대하고 반입할 물품을 아래에 기입해 주시기 바랍니다.

* (주의) 개인적으로 사용하실 물건에 한하여 1품목당 해외 시가의 합계액이 1만엔 이하인 경우 기입할 필요가 없습니다.
또한, 일본으로 별도로 보낸 물품의 내용을 기입할 필요도 없습니다.

주류			병	* 세관 기입란
담배	궐련		개비	
	엽궐련		개비	
	기타		그램	
향수			온스	

기타 품명	수량	가격

* 세관 기입란　　　　엔

◎ 일본으로 반입이 금지되어 있는 물품

(1) 마약, 향정신성의약품, 대마, 아편, 히로뽕, MDMA 등.
(2) 권총 등의 총포, 총포탄, 권총부속품.
(3) 다이너마이트 등의 폭발물이나 화약, 화학 병기의 원재료.
(4) 지폐, 화폐, 유가증권, 신용카드 등의 위조품.
(5) 음란잡지, 음란DVD, 아동포르노 등.
(6) 가짜명품, 해적판 등의 지적 재산권을 침해하는 물품.

◎ 일본으로 반입이 제한되어 있는 물품

(1) 엽총, 공기총 및 도검류.
(2) 워싱턴 조약에 따라서 수입이 제한되어 있는 동식물 및 이들로 만든제품(악어 · 뱀 · 땅거북 · 상아 · 사향 · 선인장 등).
(3) 사전에 검역 확인이 필요한 산 동식물, 육제품 (소시지 · 햄 · 말린 쇠고기를 포함함), 채소, 과일, 쌀 등.
*사전에 동식물검역카운터에서 확인할 필요가 있습니다.

◎ 면세 범위

· 주류 3 병 (1 병당 760ml 정도)
· 외국제 담배400개비(일본 거주자는 세관 직원에게 문의하시기 바랍니다.)
* 단, 20 살 미만인 경우 주류 와 담배가 면세되지 않습니다.
· 향수 2 온스 (1 온스 약 28ml)
· 해외 시가의 합계액이 20만 엔을 넘지 않는 물품.
(입국자가 개인적으로 사용할 물품에 한함)
* 6 세 미만의 어린이는 장난감 등 본인이 사용할 것 이외의 물품은 면세 대상에서 제외됩니다.
* 해외 시가는 외국에서의 통상적인 소매 가격(구입가격)을 의미합니다.

(A面)

日本国税関
税関様式C第5360号

携帯品・別送品申告書

下記及び裏面の事項について記入し、税関職員へ提出してください。
家族が同時に検査を受ける場合は、代表者が1枚提出してください。

搭乗機(船舶)名		出発地	
入国日	年　月　日		
氏名	フリガナ		
現住所(日本での滞在先)			
	電話　(　)		
職業			
生年月日	年　月　日		
旅券番号			
同伴家族	20歳以上　名	6歳以上20歳未満　名	6歳未満　名

※ 以下の質問について、該当する□に"✓"でチェックしてください。

1. 下記に掲げるものを持っていますか？　はい　いいえ
   - ① 日本への持込みが禁止又は制限されているもの(B面を参照)　□　□
   - ② 免税範囲(B面を参照)を超える購入品・お土産品・贈答品など　□　□
   - ③ 商業貨物・商品サンプル　□　□
   - ④ 他人から預かったもの　□　□

   ＊上記のいずれかで「はい」を選択した方は、B面に入国時に携帯して持ち込むものを記入してください。

2. 100万円相当額を超える現金又は有価証券などを持っていますか？　はい □　いいえ □

   ＊「はい」を選択した方は、別途「支払手段等の携帯輸出・輸入申告書」を提出してください。

3. 別送品　入国の際に携帯せず、郵送などの方法により別に送った荷物(引越荷物を含む。)がありますか？

   □ はい　(　　個)　□ いいえ

   ＊「はい」を選択した方は、入国時に携帯して持ち込むものをB面に記載したこの**申告書を2部**、税関に提出して、税関の確認を受けてください。(入国後6か月以内に輸入するものに限る。)
   税関の確認を受けた申告書は、別送品を通関する際に必要となります。

《注意事項》
海外で購入したもの、預かってきたものなど日本に持ち込む携帯品・別送品については、法令に基づき、税関に申告し、必要な検査を受ける必要があります。申告漏れ、偽りの申告などの不正な行為がありますと、処罰されることがありますので注意してください。

この申告書に記載したとおりである旨申告します。

署　名

(B面)

※入国時に携帯して持ち込むものについて、下記の表に記入してください。(A面の1. 及び3. ですべて「いいえ」を選択した方は記入する必要はありません。)

(注) 「その他の品名」欄は、個人的使用に供する購入品等に限り、1品目毎の海外市価の合計額が1万円以下のものは記入不要です。
また、別送した荷物の詳細についても記入不要です。

酒類			本	＊税関記入欄
たばこ	紙巻		本	
	葉巻		本	
	その他		ｸﾞﾗﾑ	
香水			ｵﾝｽ	

その他の品名	数量	価格

＊税関記入欄　円

◎ 日本への持込みが禁止されている主なもの
- ① 麻薬、向精神薬、大麻、あへん、覚醒剤、MDMA、指定薬物など
- ② 拳銃等の銃砲、これらの銃砲弾や拳銃部品
- ③ 爆発物、火薬類、化学兵器原材料、炭疽菌等の病原体など
- ④ 貨幣・紙幣・有価証券・ｸﾚｼﾞｯﾄｶｰﾄﾞなどの偽造品など
- ⑤ わいせつ雑誌、わいせつDVD、児童ポルノなど
- ⑥ 偽ブランド品、海賊版などの知的財産侵害物品

◎ 日本への持込みが制限されている主なもの
- ① 猟銃、空気銃及び日本刀などの刀剣類
- ② ワシントン条約により輸入が制限されている動植物及びその製品(ﾜﾆ・ﾍﾋﾞ・ﾘｸｶﾞﾒ・象牙・じゃ香・ｻﾎﾞﾃﾝなど)
- ③ 事前に検疫確認が必要な生きた動植物、肉製品(ｿｰｾｰｼﾞ・ｼﾞｬｰｷｰ類を含む。)、野菜、果物、米など

  ＊事前に動物・植物検疫カウンターでの確認が必要です。

◎ 免税範囲(乗組員を除く)
- ・酒類3本(760ml／本)
- ・紙巻たばこ。外国製及び日本製各200本
  (非居住者の方の場合は、それぞれ2倍となります。)
  ＊20歳未満の方は酒類とたばこの免税範囲はありません。
- ・香水2ｵﾝｽ(1ｵﾝｽは約28ml)
- ・海外市価の合計額が20万円の範囲に納まる品物
  (入国者の個人的使用に供するものに限る。)
  ＊海外市価とは、外国における通常の小売価格(購入価格)です。
  ＊1個で20万円を超える品物の場合は、その全額に課税されます。
  ＊6歳未満のお子様は、おもちゃなど子供本人が使用するもの以外は免税になりません。

日本に入国(帰国)されるすべての方は、法令に基づき、この申告書を税関に提出していただく必要があります。

- 자신의 수하물을 찾은 후에는 세관 카운터로 가서 직원에게 짐과 여권, 세관신고서를 건넨다. 세관 카운터에도 일본인, 외국인 등으로 구분되어 있다.
- 세관검사 시에는 수하물을 펼쳐서 체크할 수도 있다.
- 입국할 때 신고해 두지 않으면 곤란한 것이 있는지 미리 알아둔다.
- 일본의 기호품 면세한도

① 담배 400개비(日本製), 400개비(外国製)

② 담배 50갑, 파이프용 담배 200g

③ 술 3병

④ 향수 2온스

⑤ 20만 엔을 넘지 않는 물건

⑥ 단, 19세 이하의 여행자에게는 담배나 양주가 허락되지 않는다.

2. 세관검사 시 주의사항

① 반입금지 품목은 마약, 코카인, 대마초, 각성제, 외설잡지, 외설영상물, 총검류 등이다.

② 위조 브랜드 상품은 몰수하므로 주의해야 한다.

③ 「税関申告書(ぜいかんしんこくしょ)を見(み)せてください。(세관신고서를 보여주세요)」라고 하면 「はい」라고 대답하면서 세관신고서를 보여 준다.

④ 荷物(にもつ)を見(み)せてください。(짐을 보여주세요)」라고 하면 가방 열어 보여 준다. 뒷사람에게 피해를 입히지 않기 위해서라도 신속히 세관원의 지시에 따르는 것이 좋다.

⑤ 개인 의약품은 내복약의 경우 원칙적으로 2개월분 이내의 외용약, 화장품은 24개 이내의 수량 제한이 있다.

⑥ 면세의 범위(20만円)를 넘는 물건이나 제한량 이상의 주류나 담배는 세금을 내야 한다.

⑦ 친구에게 부탁받은 물건 등은 사전에 내용물을 파악해 두어야 한다. 세관원에게 「이것은 친구가 부탁한 물건이다」라고 하면, 여러 가지 질문을 받을 수 있다.

お荷物(にもつ)はこれが全部(ぜんぶ)ですか。

짐은 이것이 전부입니까?

はい、そうです。

예, 그렇습니다.

パスポートと申告書(しんこくしょ)を見(み)せてください。

여권과 신고서를 보여주세요.

はい、これです。

예, 여기 있어요.

ありません。

없습니다.

身(み)の回(まわ)りの物(もの)だけです。

소지품뿐입니다.

酒類(しゅるい)やたばこをお持(も)ちですか。

술이나 담배를 가지고 있습니까?

はい、ウイスキー2本(ほん)とたばこ1ボールです。

예, 위스키 2병과 담배 한 보루입니다.

バッグを開(あ)けてください。

가방을 열어주세요.

これは何(なん)ですか。

이것은 무엇입니까?

友達(ともだち)へのおみやげです。

친구에게 줄 선물입니다.

何(なに)か申告(しんこく)する物(もの)はありませんか。

뭔가 신고할 것은 없습니까?

12 공항에서 시내로

新宿(しんじゅく)まで行(い)くバスがありますか。

신주쿠까지 가는 버스가 있습니까?

リムジンバスがあります。

리무진 버스가 있습니다.

リムジンバスの乗(の)り場(ば)はどこですか。

리무진 버스 타는 곳은 어딥니까?

切符(きっぷ)はどこで買(か)えますか。

차표는 어디서 살 수 있습니까?

あそこです。

저깁니다.

日暮里に行きたいんですが。

닛포리까지 가려고 합니다만…

スカイライナーを利用すると便利です。

스카이라이너를 이용하면 편리합니다.

スカイライナーはどこで乗れますか。

스카이라이너는 어디서 탈 수 있습니까?

地下１階です。

지하 1층입니다.

교통

1 교통수단

飛行機(ひこうき)

비행기

電車(でんしゃ)

전차

地下鉄(ちかてつ)

지하철

新幹線(しんかんせん)

신칸센

バス

버스

車(くるま)

자동차

タクシー

택시

パトカー

경찰차

消防車(しょうぼうしゃ)

소방차

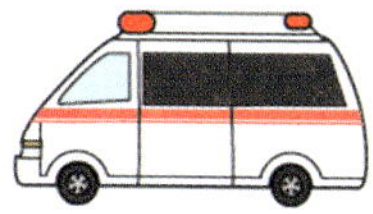

救急車(きゅうきゅうしゃ)
구급차

モノレール
모노레일

ロープウェイ
케이블카

自転車(じてんしゃ)
자전거

オートバイ
오토바이

船(ふね)
배

フェリー
페리

客船(きゃくせん)
여객선

ヨット
요트

車(くるま)に乗(の)ります
자동차를 탑니다

バスに乗(の)ります
버스를 탑니다

電車(でんしゃ)に乗(の)ります
전차를 탑니다

バスから降(お)ります
버스에서 내립니다

電車(でんしゃ)から降(お)ります
전차에서 내립니다

電車(でんしゃ)を乗(の)り換(か)えます
전차를 갈아탑니다

初心運転者（しょしんうんてんしゃ）

초보운전자

高齢運転者（こうれいうんてんしゃ）

고령운전자

聴覚障害者（ちょうかくしょうがいしゃ）

청각장애인

身体障害者（しんたいしょうがいしゃ）

신체장애인

危（あぶ）ない

위험

止（と）まれ

정지

ここから代々木公園(よよぎこうえん)まで遠(とお)いですか。

여기서 요요기 공원까지는 멉니까?

あまり遠(とお)くありません。

그다지 멀지 않습니다.

歩(ある)いて何分(なんぷん)ぐらいですか。

걸어서 몇 분 정도입니까?

10分(ぷん)ぐらいです。

10분 정도입니다.

この地図(ちず)で、どこになりますか。

이 지도에서 어디쯤입니까?

ここです。

여깁니다.

明治神宮(めいじじんぐう)にはどうやって行(い)けばいいですか。

메이지진구는 어떻게 가면 됩니까?

5番(ばん)のバスに乗(の)ってください。

5번 버스를 타고 가세요.

飛行機(ひこうき)で	비행기로	船(ふね)で	배로
新幹線(しんかんせん)で	신칸센으로	列車(れっしゃ)で	열차로
汽車(きしゃ)で	기차로	地下鉄(ちかてつ)で	지하철로
バスで	버스로	タクシーで	택시로
歩(ある)いて	걸어서	乗(の)り換(か)えて	갈아타고
駅(えき)	역	ターミナル	터미널
乗(の)り場(ば)	승강장	バス停(てい)	버스 정류소

2 차표

切符(きっぷ)売(う)り場(ば)はどこですか。

차표 파는 곳은 어딥니까?

あそこです。

저기입니다.

チケット販売機
Tickets

時刻表(じこくひょう)を見(み)せてください。

시간표를 보여주세요.

横浜行きの切符をください。

요코하마 가는 표를 주세요.

片道ですか、往復ですか。

편도입니까 왕복입니까?

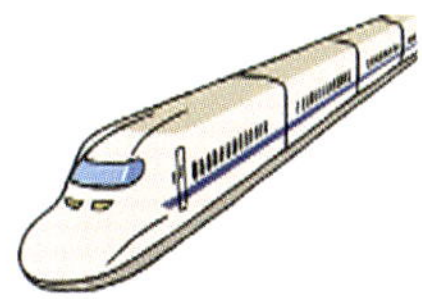

片道を一枚ください。

편도를 한 장 주세요.

時間はどのくらいかかりますか。

시간은 어느 정도 걸립니까?

約1時間くらいです。

약 1시간 정도입니다.

いくらですか。

얼마입니까?

2千500円です。

2,500엔입니다.

途中下車(とちゅうげしゃ)できますか。

도중에 하차할 수 있습니까?

この列車(れっしゃ)は何番(なんばん)ホームから出(で)ますか。

이 열차는 몇 번 홈에서 출발합니까?

5番(ばん)ホームです。

5번 홈입니다.

5番(ばん)ホームはどこですか。

5번 홈은 어디입니까?

あちらです。

저쪽입니다.

まもなく一番線(いちばんせん)に電車(でんしゃ)が参(まい)ります。危(あぶ)ないですから黄色(きいろ)い線(せん)の内側(うちがわ)にお下(さ)がりください。

곧 1번 선에 전차가 들어옵니다. 위험하니까 노란선 안쪽으로 물러나 주십시오.

3 지하철

この近く(ちか)に地下鉄(ちかてつ)の駅(えき)がありますか。

이 근처에 지하철역이 있습니까?

はい、あちらです。

예, 저쪽입니다.

地下鉄(ちかてつ)の路線図(ろせんず)をお願(ねが)いします。

지하철 노선표를 부탁드립니다.

はい、どうぞ。

예, 여기 있어요.

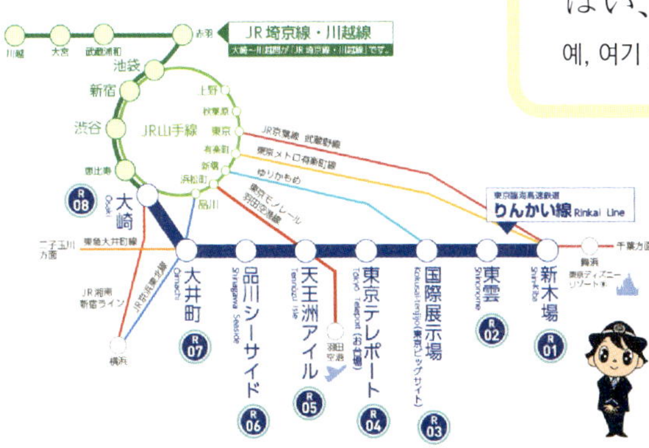

上野(うえの)までの切符(きっぷ)を一枚(いちまい)ください。

우에노 가는 차표 한 장 주세요.

あちらの自動販売機(じどうはんばいき)で買(か)ってください。

저쪽 자동판매기에서 사면 됩니다.

浅草(あさくさ)へ行(い)きたいのですが、
どこで乗(の)り換(か)えればいいですか。

아사쿠사에 가려고 합니다만, 어디서 갈아타면 될까요?

次(つぎ)の駅(えき)で乗(の)り換(か)えです。

다음 역에서 갈아타시면 됩니다.

青森(あおもり)へ行(い)きたいのですが、このホームでいいですか。

아오모리에 가려고 합니다만, 이 홈이 맞습니까?

いいえ、あちらのホームです。

아니오, 저쪽 홈입니다.

寝てるふり
本を読むふり
知らんぷり

一期一会の
贈り物

4 택시

タクシーを呼(よ)んでください。

택시를 불러주세요.

タクシー乗(の)り場(ば)はどこですか。

택시 승강장은 어딥니까?

どちらまで行(い)かれますか。

어디까지 가십니까?

この住所(じゅうしょ)に行(い)ってください。

이 주소로 가주세요.

アリランホテルまでお願(ねが)いします。

아리랑 호텔까지 부탁합니다.

かしこまりました。

알겠습니다.

急(いそ)いでいます。

급합니다.

もう少(すこ)しゆっくり走(はし)ってください。

조금 천천히 가주세요.

次(つぎ)の角(かど)を右(みぎ)に曲(ま)がってください。

다음 모퉁이에서 우회전 해주세요.

冷房(れいぼう)を入(い)れてください。

에어컨을 넣어 주세요.

ここで止(と)めてください。

여기서 세워 주세요.

信号(しんごう)の手前(てまえ)で止(と)めてください。

신호 바로 앞에서 세워 주세요.

いくらですか。

얼마입니까?

1200円(えん)です。

1200엔입니다.

はい、これ。

예, 여기.

おつりは要(い)りません。

잔돈은 필요 없습니다.

1. 택시 관련 용어

料金(りょうきん) 요금	空車(くうしゃ) 빈차	回送(かいそう) 회송
荷物(にもつ) 짐	角(かど) 모퉁이	近道(ちかみち) 지름길
チップ 팁	リシート 영수증	料金(りょうきん)メーター 요금미터기
おつり 잔돈	トランク 트렁크	荷物(にもつ) 짐

5 버스

バス停（てい）

버스 정류소

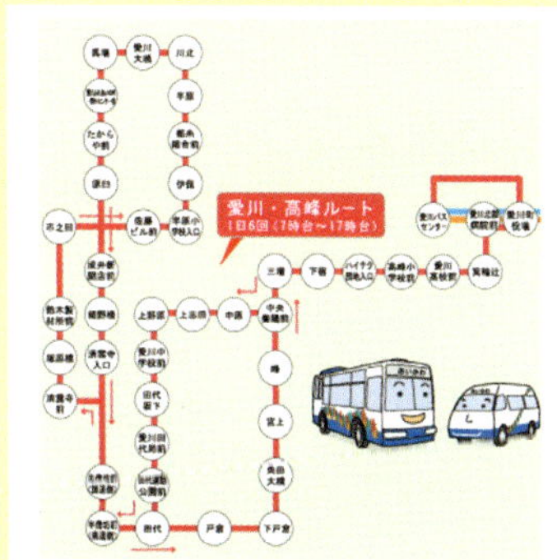

路線図（ろせんず）

노선표

運転手（うんてんしゅ）

운전수

優先席（ゆうせんせき）

우선석

バスターミナルはどこですか。
버스 터미널은 어딥니까?

バスの路線図(ろせんず)をください。
버스 노선도를 주세요.

このバスは横浜(よこはま)まで行(い)きますか。
이 버스는 요코하마까지 갑니까?

はい、行(い)きます。
예, 갑니다.

上野(うえの)へ行(い)くバスはありますか。
우에노로 가는 버스는 있습니까?

バスでどのくらいかかりますか。
버스로 얼마 걸립니까?

日光(にっこう)行(ゆ)きのバス停(てい)はどこですか。
닛코행 버스 정류소는 어딥니까?

次(つぎ)のバスは何時(なんじ)ですか。
다음 버스는 몇 시입니까?

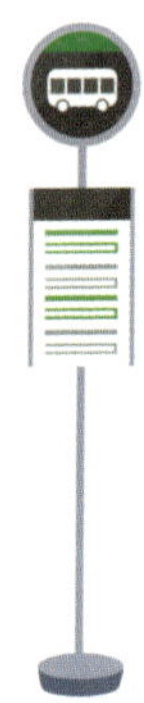

赤坂(あかさか)まで2枚(まい)ください。

아카사카까지 2장 주세요.

出発(しゅっぱつ)は何時(なんじ)ですか。

출발은 몇 시입니까?

この席(せき)は空(あ)いていますか。

이 자리는 비어 있습니까?

大宮(おおみや)に着(つ)いたら教(おし)えてください。

오미야에 도착하면 알려 주세요.

次(つぎ)の停留場(ていりゅうじょう)で降(お)ります。

다음 정류소에서 내립니다.

わかりました。

알겠습니다.

6 열차

しんかんせん
新幹線
신칸센

とっきゅうでんしゃ
特急電車
특급전차

きゅうこうでんしゃ
急行電車
급행전차

ふつうでんしゃ
普通電車
보통전차

じょうしゃけん
乗車券
승차권

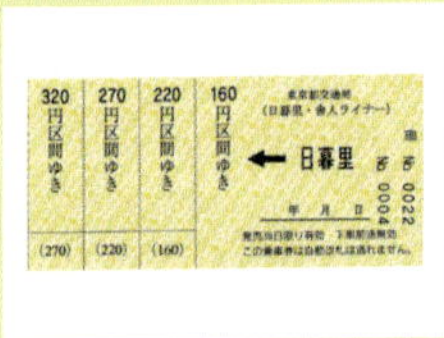

かいすうけん
回数券
회수권

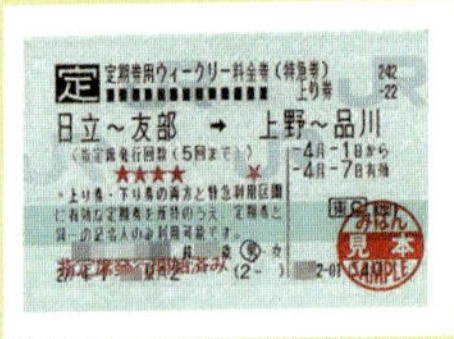

ていきけん
定期券
정기권

最寄り駅（もよりえき）

가장 가까운 역

駅員（えきいん）

역무원

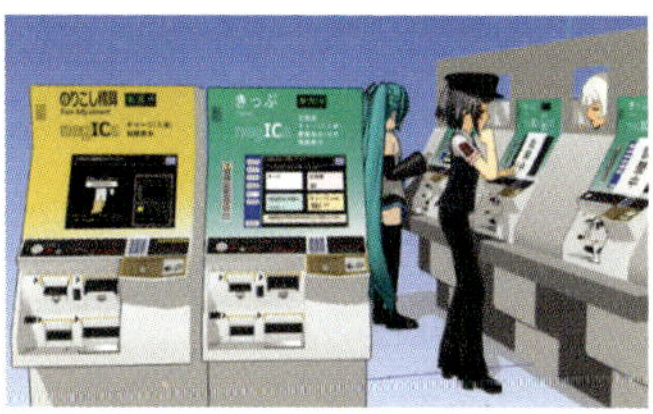

自動券売機（じどうけんばいき）

승차권 자동판매기

改札口（かいさつぐち）

개찰구

時刻表（じこくひょう）

시간표

～番線（ばんせん）

~번선

大阪行きの急行列車はありますか。

오사카 행 급행열차는 있습니까?

11時20分発のがあります。

11시 20분발이 있습니다.

30分おきに出ています。

30분 간격으로 다니고 있습니다.

次の列車のを1枚ください。

다음 열차표를 한 장 주세요.

1等にしますか、2等ですか。

1등석으로 하겠습니까, 2등석으로 하겠습니까?

料金はどれぐらい違いますか。

요금은 어느 정도 차이가 있습니까?

1等の方が3000円高くなります。

1등석 쪽이 3000엔 비쌉니다.

2等にしてください。

2등석으로 해 주세요.

8時発(じはつ)のひかり号(ごう)で大阪(おおさか)までの切符(きっぷ)をください。

8시발 히카리호로 오사카까지 차표를 주세요.

何番線(なんばんせん)から出(で)ますか。

몇 번 선에서 출발합니까?

窓(まど)を開(あ)けてもいいですか。

창문을 열어도 되겠습니까?

どのくらい停車(ていしゃ)しますか。

얼마 정도 정차합니까?

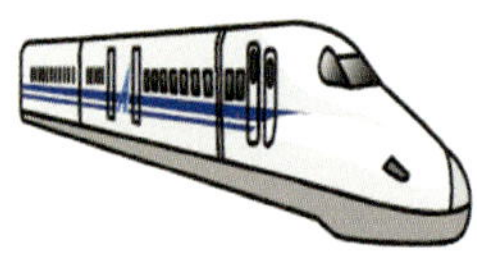

次(つぎ)の駅(えき)が名古屋(なごや)でございます。

다음 역이 나고야입니다.

降(お)りる準備(じゅんび)をしてください。

내릴 준비를 해주세요.

7 비행기

予約(よやく)を入(い)れてください。

예약을 해주세요.

福岡(ふくおか)への早朝(そうちょう)の便(びん)はありますか。

아침 일찍 출발하는 후쿠오카 항공편 있습니까?

7時(じ)の便(びん)があります。

7시에 출발하는 항공편이 있습니다.

いつお発(た)ちになりますか。

언제 출발하십니까?

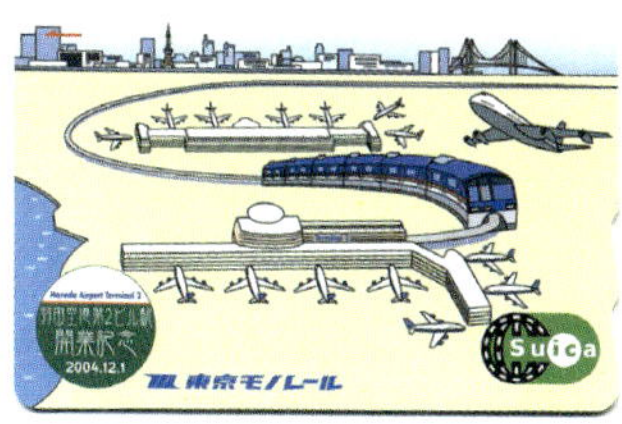

来週(らいしゅう)の火曜日(かようび)、7月(がつ)5日(か)です。

다음 주 화요일, 7월 5일입니다.

お名前(なまえ)をどうぞ。

성함을 말씀해 주세요.

田中角栄(たなかかくえい)です。

다나카 가쿠에이입니다.

窓側(まどがわ)の席(せき)ですか、通路側(つうろがわ)になさいますか。

창 쪽 자리로 할까요, 통로 쪽으로 할까요?

窓側(まどがわ)の席(せき)にしてください。

창 쪽으로 해 주세요.

こちらがチケットです。

이게 티켓입니다.

1時間前(じかんまえ)には空港(くうこう)にお越(こ)しください。

1시간 전까지는 공항으로 오십시오.

8 렌트카

車を一台借りたいのですが。

차를 한 대 빌리고 싶습니다만.

どんな車をご希望ですか。

어떤 차를 원하십니까?

小型のオートマチック車をお願いします。

소형 오토매틱을 부탁합니다.

パスポートと国際免許証を見せてください。

여권과 국제면허증을 보여주세요.

はい、どうぞ。

예, 여기 있어요.

1日借りるといくらですか。

하루 빌리면 얼마입니까?

24時間で3万円です。

24시간에 3만 엔입니다.

保険をかけますか。

보험에 가입하시겠습니까?

料金表を見せてください。

요금표를 보여주세요.

かけてください。

가입해주세요.

乗り捨てはできますか。

탄 다음에 그대로 두어도 됩니까?

ガソリン代込みですか。

유류대금 포함입니까?

はい。

예.

車を返したいのですが。

차를 돌려드리고 싶습니다만.

契約書を見せてください。

계약서를 보여주세요.

合計3万円になります。

합계 3만 엔입니다.

9 주유소

一番近(いちばんちか)いガソリンスタンドはどこですか。

가장 가까운 주유소는 어딥니까?

あそこです。

저깁니다.

いらっしゃいませ。

어서 오세요.

レギュラーですか、それともハイオク?

일반 휘발유로 할까요, 고급 휘발유로 할까요?

レギュラーで満(まん)タンしてください。

일반 휘발유로 가득 채워 주세요.

軽油で満タンしてください。

경유로 가득 채워 주세요.

バッテリを充電してください。

배터리를 충전해 주세요.

フロントガラスを拭いてください。

앞 유리창을 닦아 주세요.

タイヤを点検してください。

타이어를 점검해 주세요.

ガソリンスタンドでは、石油製品の販売だけでなく、自動車の点検・整備をはじめ。オイル・バッテリーの交換、洗車、車検など、各種の商品やサービスを提供しています。

주유소에서는 석유제품의 판매뿐만 아니라 자동차의 점검・정비를 비롯해, 오일・배터리 교환, 세차, 차량검사 등 각종 상품이나 서비스를 제공하고 있습니다.

호텔

1 일본의 숙박시설

ホテル(Hotel)とは、主(おも)に短期滞在(たんきたいざい)の旅行者(りょこうしゃ)、ビジネスなど出張者(しゅっちょうしゃ)のための宿泊施設(しゅくはくしせつ)です。

호텔이란, 주로 단기체류 여행객, 비즈니스 등의 출장자를 위한 숙박시설입니다.

1. 시티호텔(シティホテル)

都市の繁華街に立地する大型ホテル。いわゆる有名一流ホテルです。

도시 번화가에 입지한 대형 호텔. 소위 유명 일류 호텔입니다.

JCHA(http://www.jcha.or.jp)とは、全日本シティホテル連盟の略称です。

JCHA 一般社団法人 全日本シティホテル連盟

2. 비즈니스호텔(ビジネスホテル)

都市の繁華街に立地する、主に業務出張客の宿泊を想定した比較的小型で低料金のホテルです。

도시의 번화가에 위치해 있고, 주로 업무출장자를 위한 숙박시설로 비교적 소형이고 요금이 싼 호텔입니다.

3. 관광・리조트호텔(観光・リゾートホテル)

温泉地、ビーチや高原などのリゾート地に立地する宿泊施設。温泉地で営業するリゾートホテルの場合、館内に共同大浴場や場所によっては露天風呂を持っている業態のホテルも多いため、旅館との区別が曖昧です。

온천지역, 해안, 고원 등의 리조트에 입지해 있는 숙박시설. 온천지역에서 영업하는 리조트호텔의 경우, 관내에 공동으로 사용할 수 있는 큰 목욕탕이나 업소에 따라서는 로텐부로를 소유하고 있는 호텔들도 많기 때문에 여관과의 구분이 애매합니다.

4. 캡슐호텔(カプセルホテル)

カプセルホテルはカプセル状(じょう)の簡易(かんい)ベッドが提供(ていきょう)される宿泊施設(しゅくはくしせつ)。日本独自(にほんどくじ)の形態(けいたい)のホテルです。

캡슐호텔은 캡슐모양의 간이침대가 제공되는 숙박시설. 일본 특유의 호텔 형태입니다.

5. 료칸(旅館)

和式の構造及び設備を主とする宿泊施設。客室が和室で、露天風呂ないし室内大浴場を備えています。

일본전통방식의 구조 및 설비를 한 숙박시설. 객실도 일본전통방식이고, 로텐부로 내지 실내에 큰 목욕탕을 갖추고 있습니다.

2 예약

ホテルの宿泊(しゅくはく)は、オンラインもしくはお電話(でんわ)にて6ヶ月(げつ)先(さき)までのご予約(よやく)が可能(かのう)です。

호텔 숙박은 대개 인터넷 혹은 전화로 6개월 전부터 예약이 가능합니다.

PC・タブレット
からご予約

スマートフォン・
携帯電話から予約
http://www.toyoko-inn.com

1. 예약함에 있어서는(ご予約をするには)

ご予約は、簡単・便利な『公式ホームページ(HP)』をご利用ください。公式HPからご予約いただくと、通常価格から300円OFFになる「公式HP割」も行っていますので、公式HPからのご予約がお得です。

예약은 간단하고 편리한 공식홈페이지(HP)를 이용해 주세요. 공식HP를 이용하시면 통상가격에서 300엔 할인이 되는 「공식HP할인」도 실시하고 있으므로 공식HP로 예약하는 것이 이익입니다.

もしもし、ひまわりホテルですか。
여보세요. 히마와리 호텔입니까?

はい、ひまわりホテルの予約係(よやくがかり)でございます。
예, 히마와리 호텔 예약담당입니다.

ツインを予約(よやく)したいのですが、
一泊(いっぱく)おいくらですか。
트윈으로 예약하고 싶습니다만,
1박에 얼마입니까?

1万(まん)3千円(ぜんえん)です。
13,000엔입니다.

税金とサービス料は込みですか。

세금과 서비스료는 포함되어 있습니까?

食事はついていますか。

식사는 따라 나옵니까?

はい、一泊二食です。

예, 1박 2식입니다.

お食事は別料金になっております。

식사는 별도 요금으로 되어 있습니다.

海外ホテルの予約サイト

もっと安い部屋はありませんか。

좀 더 싼 방은 없습니까?

少し狭くなりますが、8千円の部屋が空いています。

조금 좁긴 하지만, 8000엔 방이 비어 있습니다.

それにします。

그것으로 하겠습니다.

何時ごろ到着しますか。

몇 시경 도착하십니까?

午後5時ごろです。

오후 5시경입니다.

3 객실 타입

1. シングルルーム(Single Room)

シングルベッドを1台(だい)備(そな)えた、一人(ひとり)用(よう)の客室(きゃくしつ)。

1인용 침대를 갖춘 1인용 객실.

2. ダブルルーム(Double Room)

シングルベッドを１台備えた、二人用の客室。

2인용 침대를 갖춘 2인용 객실.

3. ツインルーム(Twin Room)

シングルベッドを2台(だい)備(そな)えた、二人(ふたり)用(よう)の客室(きゃくしつ)。

1인용 침대를 2개 갖춘 2인용 객실.

4. トリプルルーム(Triple Room)

ツインルームにエキストラベッドなどを入(い)れて、三人(さんにん)で宿泊(しゅくはく)する客室(きゃくしつ)。

트윈 룸에 Extra bed를 넣어 3인이 숙박하는 객실.

5. スイートルーム(Suite Room)

寝室にリビングルーム、応接間など他の部屋が一対になっている客室。

침실에 거실, 응접실 등 다른 방이 세트로 되어 있는 객실.

4 예약 변경

- ご宿泊前日(しゅくはくぜんじつ)までの変更(へんこう)・キャンセルが可能(かのう)です。

  숙박 전날까지는 변경・취소가 가능합니다.

- ご宿泊当日(しゅくはくとうじつ)のご予約変更(よやくへんこう)・キャンセルは直接(ちょくせつ)ホテルまでご連絡(れんらく)ください。

  숙박 당일의 예약변경・취소는 직접 호텔로 연락해 주세요.

予約確認・変更・キャンセル

もしもし、プラザホテルの予約係(よやくがかり)ですか。

여보세요. 프라자 호텔 예약담당입니까?

はい、予約係(よやくがかり)の金(キン)でございます。

예, 예약담당인 김길동입니다.

私(わたし)はおととい予約(よやく)した山田(やまだ)です。

저는 어제 예약한 야마다입니다.

仕事(しごと)のスケジュールが変(か)わったんです。

일의 스케줄이 바뀌었습니다.

それで、ホテルの予約(よやく)も変更(へんこう)したいんですが。

그래서 호텔 예약도 변경하고 싶습니다만.

山田(やまだ)さまのご予約(よやく)は4月5日(しがついつか)から2泊(にはく)でございますね。

야마다 씨의 예약은 4월 5일부터 2박이군요.

はい、そうです。

예, 그렇습니다.

どのようにご変更(へんこう)なさいますか。

어떻게 변경하시겠습니까?

4月8日(しがつようか)から一泊(いっぱく)したいんですが、
お部屋(へや)はありますか。

4월 8일부터 1박을 하고 싶습니다만,
방이 있습니까?

少々(しょうしょう)お待(ま)ちください。
空(あ)き部屋(べや)があるかチックしてみます。

잠깐 기다려 주세요.
빈 방이 있는지 체크해 보겠습니다.

山田さま、4月8日も大丈夫でございます。

야마다 씨, 4월 8일도 괜찮습니다.

それでは、4月8日の一泊に変更させていただきます。

그럼 4월 8일 1박으로 변경하겠습니다.

お部屋はツインルームでよろしいですか。

방은 트윈 룸으로 괜찮겠습니까?

はい、けっこうです。

예, 좋습니다.

かしこまりました。

예, 알겠습니다.

山田さまのご到着をお待ちしております。

야마다 씨의 도착을 기다리겠습니다.

ありがとうございました。

감사합니다.

5 체크인

チェックインの時間(じかん)よりも早(はや)く着(つ)いてしまったら、まずは部屋(へや)に入(い)れるか聞(き)いてみましょう。もしダメでも、荷物(にもつ)を預(あず)けてしまえば身軽(みがる)に動(うご)けます。

체크인 시간보다도 일찍 도착했다면, 먼저 방에 들어갈 수 있는지 물어봅시다. 만약 들어갈 수 없어도 짐을 맡기면 가볍게 움직일 수 있습니다.

いらっしゃいませ。チェックインですか。

어서 오세요. 체크인하실 겁니까?

はい、そうです。

예, 그렇습니다.

ご予約(よやく)のお名前(なまえ)をお願(ねが)いします。

예약할 때의 성함을 말씀하십시오.

木村の名前で予約をしています。

기무라라는 이름으로 예약했습니다.

静かなお部屋をお願いします。

조용한 방을 부탁합니다.

かしこまりました。

알겠습니다.

ホテル チェックイン

恐れ入りますが、
こちらにお名前とご住所をお書きください。

죄송합니다만, 이쪽에 성함과 주소를 써 주세요.

お待(ま)ちしておりました。

기다리고 있었습니다.

ホテルアカシアへようこそ。

호텔 아카시아에 잘 오셨습니다.

今晩(こんばん)から３泊(さんぱく)します。

오늘밤부터 3박하겠습니다.

部屋代(へやだい)はいくらですか。

숙박 요금은 얼마입니까?

料金(りょうきん)は朝食付(ちょうしょくつ)きですか。

요금은 아침식사가 포함되어 있습니까?

6 호텔의 서비스

1. 무선Wi-Fi(無料Wi-Fi)

ホテルのロビーと全客室(ぜんきゃくしつ)は無料(むりょう)のWi-Fi対応(たいおう)となっております。ご持参(じさん)いただいたノートパソコン・スマートフォン・タブレット端末(たんまつ)などのモバイル機器(きき)にご使用(しよう)いただけます。ネットワークID・パスワード共(とも)に「1234」です。

호텔 로비와 모든 객실에서는 무료로 Wi-Fi를 이용할 수 있습니다. 가지고 계신 노트북이나 스마트폰・태블릿 PC 등의 기기에 사용할 수 있습니다. 네트워크 ID・비밀번호는 모두 「1234」입니다.

2. 로비 컴퓨터 프린터(ロビーパソコン・プリンター)

ロビーに、インターネット用パソコンを用意してあります。ご自由にお使いください。

로비에 인터넷용 컴퓨터가 준비되어 있습니다. 자유로이 사용해 주세요.

3. 무료 조식 서비스(無料朝食サービス)

朝食無料サービスを行っています。パンまたはおにぎり・味噌汁・コーヒーなどです。提供時間は7：00～9：30となっております。

아침식사를 무료로 서비스하고 있습니다. 빵 또는 주먹밥・된장국・커피 등입니다. 제공 시간은 7 : 00~9 : 30으로 되어 있습니다.

4. AED(自動体外除細動器)

突然(とつぜん)の心臓停止(しんぞうていし)の際(さい)に、電気(でんき)ショックを与(あた)え、心臓(しんぞう)の働(はたら)きを取(と)り戻(もど)すことを試(こころ)みる医療機器(いりょうきき)です。

갑자기 심장이 멎었을 때에 전기 충격을 주어 심장의 역할을 되찾게 하는 의료기기입니다.

5. 코인 런더리(コインランドリー)

洗濯機(せんたくき)と乾燥機(かんそうき)を設置(せっち)しておりますので、ご自由(じゆう)にご利用(りよう)ください(有料(ゆうりょう))。

세탁기와 건조기를 설치해 두었습니다. 자유로이 이용해 주십시오(유료).

6. 회의실(会議室(かいぎしつ))

会議室(かいぎしつ)を完備(かんび)しております。

회의실이 완비되어 있습니다.

7. 자동판매기(自動販売機(じどうはんばいき))

ロビーには自動販売機(じどうはんばいき)を設置(せっち)しております。

로비에 자동판매기를 설치해 두었습니다.

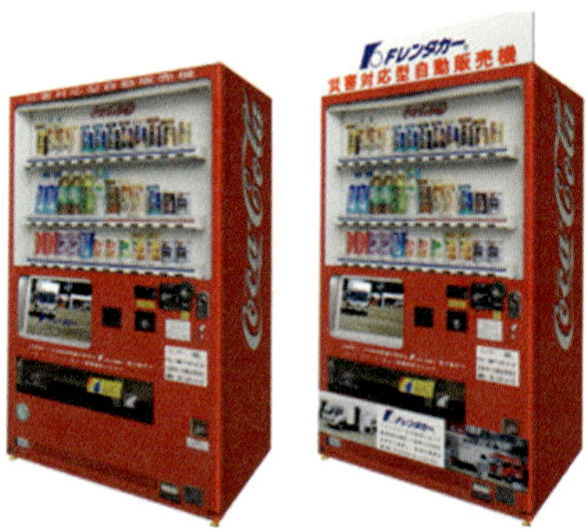

8. 워터서버・제빙기(ウォーターサーバー・製氷機(せいひょうき))

ロビーにウォーターサーバーと製氷機(せいひょうき)を設置(せっち)しております。ご自由(じゆう)にご利用(りよう)ください。

워터서버와 제빙기를 설치해 두었습니다. 마음껏 이용하세요.

7 호텔의 설비

1. 외부설비

フロント

프런트

携帯品預り所(けいたいひんあずかりしょ)

휴대품 보관소

新館(しんかん)

신관

本館(ほんかん)

본관

別館(べっかん)

별관

玄関(げんかん)

현관

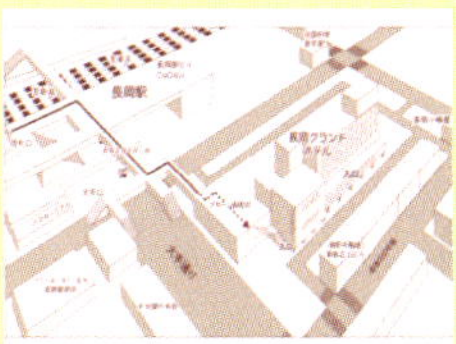

構内(こうない)

구내

プール

풀

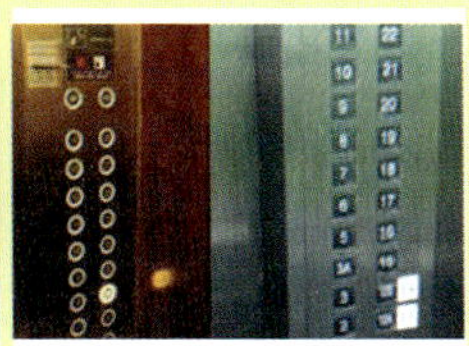

エレベーター

엘리베이터

ナイトクラブ
나이트클럽

コーヒーショップ
커피숍

ロビー
로비

カクテルバー
칵테일 바

スナックバー
스낵 바

レストラン
레스토랑

サウナ
사우나

ショッピングセンター
쇼핑가

ヘルスクラブ
헬스클럽

かいぎじょう
会議場
회의장

えんかいじょう
宴会場
연회장

ひじょうぐち
非常口
비상구

ホール
홀

ラウンジ
라운지

ちゅうしゃじょう
駐車場
주차장

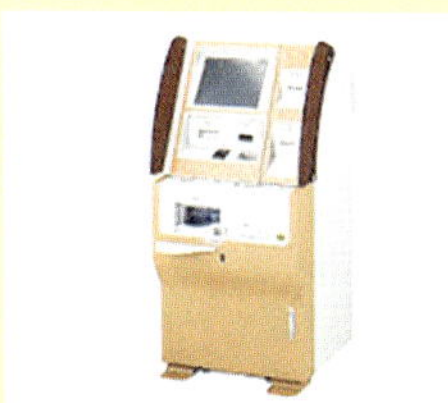

せいさん
精算
정산

りょうがえ
両替
환전

かいけい
会計
회계

2. 객실내부

お手洗い(てあら)/トイレ

화장실

浴槽(よくそう)

욕조

洗面台(せんめんだい)

세면대

椅子(いす)

의자

冷蔵庫(れいぞうこ)

냉장고

テレビ

텔레비전

タオル

타월

ナイトテーブル

나이트 테이블

テーブル

테이블

ライティングデスク
라이팅 데스크

箪笥(たんす)
옷장

戸(と)/ドア
문

水道(すいどう)
수도

引(ひ)き出(だ)し
서랍

化粧台(けしょうだい)
화장대

毛布(もうふ)
모포

枕(まくら)
베게

ソファー
소파

バスマット
욕실용 매트

シャワー
샤워

ベッド
침대

ルームキー
방 열쇠

チップ
팁

ベビーベッド
베이비용 침대

コンセント
콘센트

スタンド
스탠드

スリッパー
슬리퍼

ベッドカバー
베드커버

ベッドシーツ
베드 시트

ルームナンバー
방 번호

カーテン
커텐

ティッシュー
화장지

使(つか)い捨(す)てかみそり
일회용 면도기

シャンプー
샴푸

はみがき
치약

はブラシ
칫솔

8 안내

ただいまベルマンがご案内(あんない)いたしますので、少々(しょうしょう)お待(ま)ちください。

지금부터 벨 맨이 안내해드리니
잠시만 기다려 주십시오.

お待(ま)たせしました。

기다리게 해서 미안합니다.

私(わたし)は係(かかり)の山田(やまだ)でございます。

저는 담당인 야마다입니다.

お部屋(へや)までご案内(あんない)いたします。

방까지 안내해 드리겠습니다.

お部屋(へや)は5階(ごかい)の533号室(ごうしつ)でございます。

방은 5층인 533호실입니다.

お部屋(へや)はこちらです。

방은 이쪽입니다.

お部屋(へや)の鍵(かぎ)はオートロックになっております。

방 열쇠는 자동 록으로 되어 있습니다.

お荷物(にもつ)をお持(も)ちいたします。

짐을 들어 드리겠습니다.

お願(ねが)いします。

부탁합니다.

お荷物(にもつ)はいくつですか。

짐은 몇 개입니까?

全部(ぜんぶ)で三(みっ)つです。

전부 3개입니다.

お壊(こわ)れ物(もの)はございませんか。

깨어지는 물건은 없습니까?

ありません。

없습니다.

9 룸서비스

もしもし、ルームサービスですか。

여보세요. 룸서비스입니까?

はい、ルームサービスの木村(きむら)でございます。

예, 룸서비스 기무라입니다.

こちらは7254号室(ごうしつ)です。

モーニングコールをお願(ねが)いします。

여기는 7254호실입니다. 모닝콜을 부탁합니다.

何時(なんじ)にいたしましょうか。

몇 시에 해드릴까요?

6時(じ)にお願(ねが)いします。

6시에 부탁합니다.

天使のモーニングコール

もしもし、ルームサービスですか。

여보세요, 룸서비스입니까?

さようでございます。

그렇습니다.

こちらは554号室(ごうしつ)ですが、
ルームサービスをお願(ねが)いします。

여긴 554호실인데, 룸서비스를 부탁합니다.

ご希望(きぼう)をどうぞ。

원하시는 것을 말씀하십시오.

サンドイッチとコーヒをお願(ねが)いします。

샌드위치와 커피를 부탁합니다.

はい、承知(しょうち)しました。

예, 알겠습니다.

どのくらいかかりますか。

어느 정도 걸립니까?

はい、すぐお持(も)ちします。

예, 바로 갖다 드리겠습니다.

ランドリーサービスはありますか。

세탁서비스는 있습니까?

はい、ございます。

예, 있습니다.

背広(せびろ)をお願(ねが)いします。

양복을 부탁합니다.

仕上(しあ)がりはいつですか。

언제까지 되면 됩니까?

あしたの朝(あさ)8時(じ)までにお願(ねが)いします。

내일 아침 8시까지 부탁합니다.

担当(たんとう)の者(もの)が取(と)りにまいります。

담당자가 수거하러 갑니다.

10 외출

今から外出をします。

지금 외출합니다.

かぎを預かってください。

열쇠를 맡아 주세요.

かしこまりました。

알겠습니다.

近い地下鉄の駅はどこですか。

가까운 지하철역은 어딥니까?

今夜、もどるのが遅くなります。

오늘밤 돌아오는 게 늦을 것 같아요.

表のドアは何時に閉まりますか。

밖의 문은 몇 시에 닫습니까?

当ホテルは上記の時刻に玄関を閉めますので、外出されるお客さまは上記の時間までにおもどりください。

저희 호텔은 상기 시각에 현관을 닫기 때문에
외출하시는 손님께서는 상기 시간까지는 되돌아오십시오.

11 숙소로 돌아옴

ただいま、567号室(ごうしつ)の鍵(かぎ)をください。

다녀왔어요, 567호실 열쇠를 주세요.

はい、どうぞ。

예, 여기 있습니다.

私(わたし)に何(なに)か伝言(でんごん)はありましたか。

저에게 뭔가 전언이 있었습니까?

はい、野村(のむら)さんからお電話(でんわ)がありました。

예, 노무라 씨로부터 전화가 있었습니다.

12 클레임

エアコンが故障(こしょう)しています。

에어컨이 고장입니다.

冷房(れいぼう)が強(つよ)すぎます。

냉방이 너무 셉니다.

暖房(だんぼう)がききません。

난방이 되지 않습니다.

部屋(へや)の電気(でんき)がつきません。

방의 전기가 들어오지 않습니다.

お湯(ゆ)が出(で)ません。

따뜻한 물이 나오지 않습니다.

トイレがつまりました。

화장실이 막혔습니다.

シャワーが壊(こわ)れて使(つか)えません。

샤워기가 고장이 나서 사용할 수 없습니다.

荷物がまだ来ません。

짐이 아직 오지 않습니다.

これは私の荷物じゃありません。

이것은 제 짐이 아닙니다.

タオルがありません。

수건이 없습니다.

隣の部屋が騒がしいのですが。

옆방이 시끄럽습니다만.

窓が開きません。

창문이 열리지 않습니다.

部屋を変えてください。

방을 바꾸어 주십시오.

シーツが汚れています。

시트가 더럽습니다.

トイレットペーパーを持って来てください。

화장지를 가지고 오세요.

鍵を部屋に置いたままドアを閉めてしまいました。

열쇠를 방에 둔 채로 방문을 닫아 버렸습니다.

部屋に鍵を置き忘れました。

방에 열쇠를 두고 왔습니다.

13 체크아웃

カギを持ってフロントへ行きます。そして、フロントのスタッフに「チェックアウトお願いします」と言います。

열쇠를 가지고 프런트로 갑니다. 그리고 프런트 스텝에게 「체크아웃 해주세요.」라고 합니다.

料金の支払い、カギの返却です。

요금을 지불하고, 열쇠를 반납합니다.

チェックアウトをお願(ねが)いします。

체크아웃 해주세요.

かしこまりました。お部屋番号(へやばんごう)をどうぞ。

알겠습니다. 방 번호를 말씀해 주세요.

235号室(ごうしつ)です。

235호실입니다.

少々(しょうしょう)お待(ま)ちください。

잠시만 기다려 주세요.

ただいま計算(けいさん)いたします。

바로 지금 계산하겠습니다.

お待(ま)たせいたしました。

오래 기다렸습니다.

税金(ぜいきん)、サービス料(りょう)あわせて全部(ぜんぶ)で3万(まん)5千円(せんえん)になります。

세금, 서비스료 포함해서 전부 3만 5천 엔입니다.

わかりました。

알겠습니다.

お支払(しはら)いはどのようになさいますか。

지불은 어떻게 하시겠습니까?

現金(げんきん)でお願(ねが)いします。

현금으로 하겠습니다.

こちらにサインをお願いします。

여기에 사인해 주세요.

4万円お預かりいたします。

4만 엔 받았습니다.

5千円のお返しでございます。

5천 엔 거스름돈입니다.

当ホテルを

ご利用くださいましてありがとうございます。

저희 호텔을 이용해 주셔서 감사합니다.

また、ぜひお越しください。

꼭 다시 와 주십시오.

식사

1 출발 전에

どんな料理(りょうり)がお好(す)きですか。

어떤 요리를 좋아합니까?

寿司(すし)が食(た)べたいですね。

초밥이 먹고 싶군요.

この近(ちか)くに寿司屋(すしや)がありますか。

이 근처에 초밥집이 있습니까?

はい、歩(ある)いて5分(ふん)ぐらいのところにあります。

예, 걸어서 5분 정도 가면 있습니다.

私(わたし)がご案内(あんない)します。

제가 안내하겠습니다.

2 예약

予約が必要ですか。

예약이 필요합니까?

予約する方がいいでしょう。

예약하는 편이 좋겠지요.

さくらレストランでございます。

사쿠라 레스토랑입니다.

午後、7時に予約をお願いしたいのですが。

오후 7시에 예약하고 싶습니다만...

何名(なんめい)さまですか。

몇 분입니까?

5人(にん)です。

5명입니다.

かしこまりました。お名前(なまえ)をどうぞ。

알겠습니다. 성함을 말씀하세요.

吉田(よしだ)です。

요시다입니다.

お待(ま)ちしております。

기다리고 있겠습니다.

3 주문

メニューはありますか。

메뉴는 있습니까?

はい、どうぞ。

예, 여기에 있어요.

ここの自慢料理(じまんりょうり)は何(なん)ですか。

여기서 추천하고 싶은 요리는 무엇입니까?

さしみ定食(ていしょく)です。

생선회 정식입니다.

それにします。

그것으로 하겠습니다.

早(はや)くできるものは何(なん)ですか。

빨리 될 수 있는 것은 무엇입니까?

サンドイッチ類(るい)です。

샌드위치 같은 것입니다.

他(ほか)にご注文(ちゅうもん)はございませんか。

다른 주문은 없습니까?

ビール三本(さんぼん)ください。

맥주 3병 주세요.

かしこまりました。

알겠습니다.

注文した料理がまだきません。

주문한 요리가 아직 나오지 않습니다.

失礼いたしました。ただいまお持ちします。

실례했습니다. 지금 가지고 갑니다.

お待たせいたしました。ごゆっくりどうぞ。

오래 기다리게 죄송합니다. 천천히 드십시오.

4 테이블에서

カレーライスはまだですか。

카레라이스는 아직 안되었나요?

少々お待ちください。

잠시만 기다려 주십시오.

食べ方を教えてください。

먹는 법을 가르쳐 주십시오.

このタレにつけておめしあがりください。

이 양념장에 찍어서 드세요.

すみませんが、はしがありません。
미안합니다만, 젓가락이 없습니다.

スプーンを落(お)としました。
스푼을 떨어트렸습니다.

グラスが汚(よご)れています。
유리컵이 더럽습니다.

取(と)り替(か)えてください。
바꾸어 주세요.

お飲(の)み物(もの)は何(なん)になさいますか。
음료수는 무엇으로 하시겠습니까?

日本酒(にほんしゅ)をお願(ねが)いします。
니혼슈를 부탁합니다.

しょうゆを回(まわ)してください。

간장을 돌려주세요.

塩(しお)を取(と)ってください。

소금을 집어주세요.

ご飯(はん)のおかわりをください。

밥을 더 주세요.

他(ほか)にご注文(ちゅうもん)はございませんか。

따로 주문할 건 없습니까?

もうけっこうです。

이제 되었습니다.

いかがですか。
어떻습니까?

とてもおいしいです。
매우 맛있습니다.

もうお下(さ)げしてもよろしいでしょうか。
이제 치워도 되겠습니까?

5 계산

そろそろ行(い)きましょうか。

이제 슬슬 가볼까요?

レジはどこですか。

계산대는 어딥니까?

あちらでございます。

저쪽입니다.

お勘定(かんじょう)はいくらになりますか。

계산은 얼마입니까?

18,000円(えん)でございます。

18,000엔입니다.

ご一緒(いっしょ)でよろしいでしょうか。

함께 계산해도 되겠습니까?

いいえ、別々(べつべつ)でお願(ねが)いします。

아니오, 따로따로 해주세요.

私(わたし)が払(はら)います。

제가 지불하겠습니다.

2万円(まんえん)お預(あず)かりします。

2만 엔 받았습니다.

2千円(せんえん)のおかえしです。

거스름돈 2000엔입니다.

こちらがレシートでございます。

이것이 영수증입니다.

쇼핑

1 매장 찾기

ちらし(広告(こうこく))

전단지(광고)

売(う)り場(ば)

매장

売(う)り切(き)れ

품절

店員(てんいん)

점원

食品(しょくひん)

식품

衣類(いるい)

의류

日用雑貨(にちようざっか)

일용잡화

総菜(そうざい)

부식

菓子(かし)

과자

野菜(やさい)

야채

果物(くだもの)

과일

飲料(いんりょう)

음료

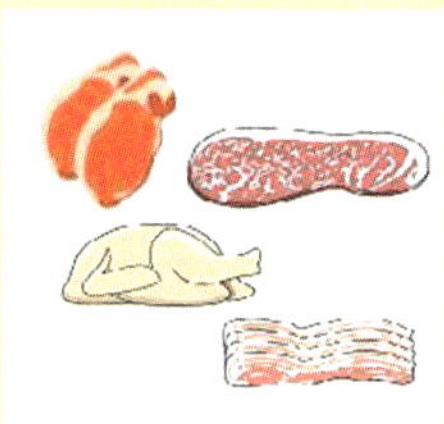

肉類(にくるい)

육류

魚介類(ぎょかいるい)

어패류

乳製品(にゅうせいひん)

유제품

麺類(めんるい)

면류

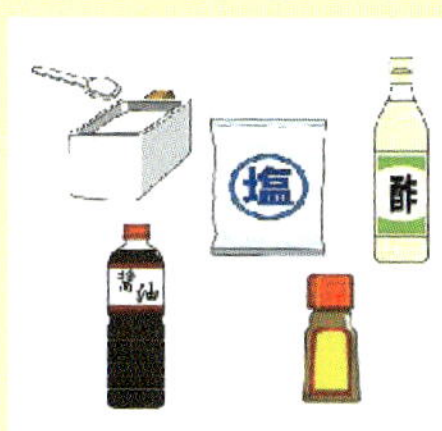

調味料(ちょうみりょう)

조미료

冷凍食品(れいとうしょくひん)

냉동식품

おみやげを買いたいのですが、
近くに適当な店はありますか。

선물을 사고 싶습니다만,
근처에 적당한 가게가 있습니까?

どんなものが欲しいのですか。

어떤 것을 사려고 하십니까?

品物を見ながら決めようと思っています。

물건을 보면서 정하려고 합니다.

大(おお)きいショッピングセンターはどこにありますか。

큰 쇼핑센터는 어디에 있습니까?

歩(ある)いて5分(ふん)のところにデパートがあります。

걸어서 5분 정도 가면 백화점이 있습니다.

営業時間(えいぎょうじかん)は何時(なんじ)から何時(なんじ)までですか。

영업시간은 몇 시부터 몇 시까지입니까?

午前(ごぜん)10時(じ)から午後(ごご)8時(じ)までですか。

오전 10시부터 오후 8시까지입니다.

今(いま)、バーゲンはやっていますか。

지금 세일은 하고 있습니까?

蚤(のみ)の市(いち)はいつ開(ひら)かれますか。

벼룩시장은 언제 열립니까?

クレジットカードは使(つか)えますか。

신용카드는 사용할 수 있습니까?

2 매장에서

❶ 割引(わりびき)
할인

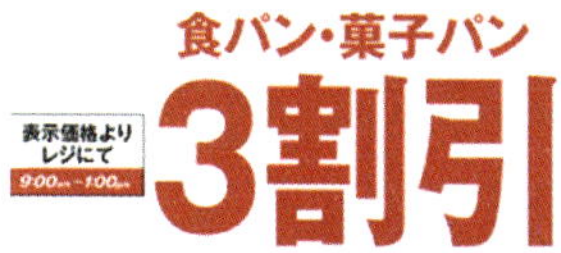

❷ 税込み(ぜいこみ)
세금 포함

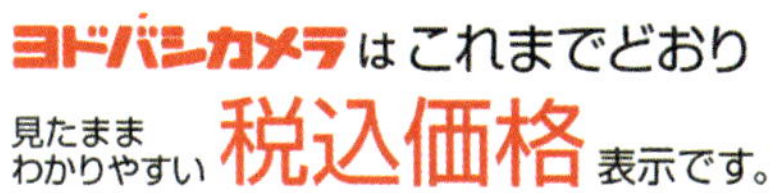

❸ 税別(ぜいべつ)
세금 별도

❹ 半額(はんがく)
반액

❺ ~円引(えんびき)
~엔 할인

いらっしゃいませ。何(なに)かお探(さが)しですか。

어서 오세요. 무엇을 찾으십니까?

家族(かぞく)へのみやげを探(さが)しています。

가족에게 줄 선물을 찾고 있습니다.

スカーフはありませんか。

스카프는 없습니까?

はい、2階(かい)のアクセサリー売(う)り場(ば)にございます。

예, 2층 액세서리 매장에 있습니다.

これと同(おな)じものはありますか。

이것과 같은 것이 있습니까?

他(ほか)のを見(み)せてください。

다른 것을 보여주세요.

カメラ売(う)り場(ば)はどこですか。

카메라 판매장은 어딥니까?

二階(にかい)には何(なに)がありますか。

2층에는 무엇이 있습니까?

エスカレーターはどこですか。

에스컬레이터는 어딥니까?

3 옷가게

すみません、あの白(しろ)いシャツを見(み)せてください。
미안합니다. 저 흰 셔츠를 보여주세요.

はい、どうぞ。
예, 보세요.

いかがですか。
어떻습니까?

サイズが合(あ)いません。
사이즈가 맞지 않습니다.

もっと小(ちい)さいサイズはありますか。
좀 작은 사이즈는 없습니까?

デザインが気に入りません。

디자인이 마음에 들지 않습니다.

ほかのを見せてください。

다른 것을 보여주세요.

試着してもいいですか。

입어 봐도 됩니까?

申し訳ございませんが、できません。

죄송합니다만, 안 됩니다.

これは、探(さが)しているものとちょっと違(ちが)います。

이것은 찾고 있는 것과 조금 다릅니다.

生地(きじ)は何(なん)ですか。

옷감은 무엇입니까?

綿(めん)100%です。

면 100%입니다.

どうですか、似合(にあ)いますか。

어떻습니까? 어울립니까?

よくお似合(にあ)いですよ。

잘 어울리는데요.

ぴったりです。

꼭 맞네요.

これにします。

이것으로 하겠습니다.

一(ひと)つずつ包(つつ)んでください。

하나씩 포장해 주세요.

リボンをかけてください。

리본을 매어 주세요.

上着(うわぎ)
상의

スーツ
슈트

ジャケット
자켓

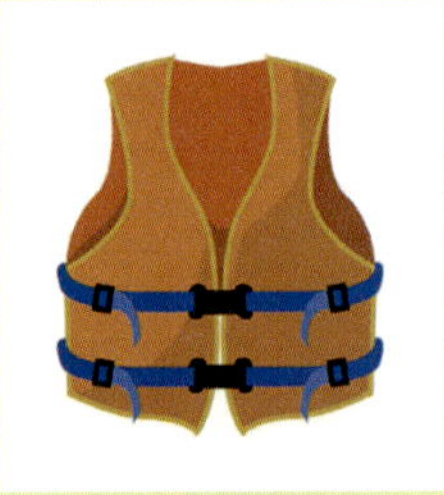

ズボン
바지

ベスト
조끼

シャツ
셔츠

ティーシャツ
T셔츠

ワイシャツ
와이셔츠

ポロシャツ
폴로셔츠

カーディガン
가디건

セーター
스웨터

レインコート
레인코트

下着(したぎ)
속옷

パンティー
팬티

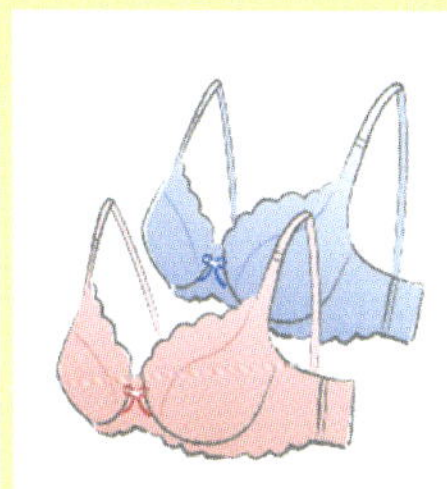

ブラジャー
브라자

スリップ
슬립

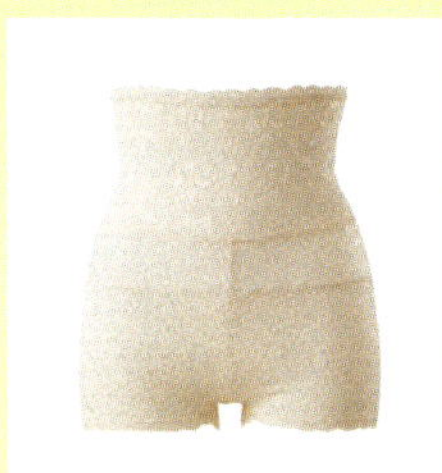

ガードル
거들

ネクタイ
넥타이

スカート
치마

ワンピース
원피스

ツーピース
투피스

ブラウス
블라우스

スラックス
슬랙스

パジャマ
잠옷

ブルージーンズ
청바지

靴下（くつした）
양말

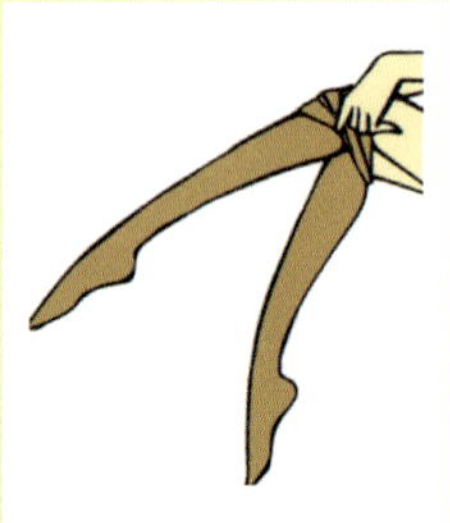

ストッキング
스타킹

ハンカチ

손수건

ファスナー

지퍼

ボタン

단추

長袖(ながそで)

긴소매

半袖(はんそで)

반소매

袖無(そでなし)

소매 없음

デザイン

디자인

サイズ

사이즈

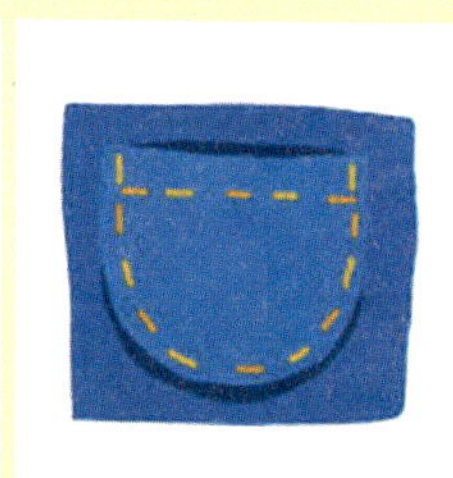

ポケット

호주머니

4 화장품가게

くちべにを見(み)せてください。

루주를 보여주세요.

ランコムのマスカラの黒(くろ)はありますか。

랑콤 마스카라 검은 것 있습니까?

色(いろ)は10種類(しゅるい)ございます。

색은 10종류 있습니다.

ローズ系(けい)のを探(さが)しています。

로즈 계통을 찾고 있습니다.

試(ため)して見(み)てもいいですか。

발라 봐도 됩니까?

テスターがございます。どうぞ。

테스트가 있습니다. 발라 보세요.

もっとうすい色(いろ)にしてください。

조금 더 옅은 색으로 주세요.

気(き)に入(はい)りました。1本(ぽん)ください。

마음에 듭니다. 하나 주세요.

香水(こうすい)も見(み)せてください。

향수도 보여주세요.

これと同(おな)じなのを三(みっ)つください。

이것과 같은 것을 3개 주세요.

赤(あか) 빨강	青(あお) 파랑	黄色(きいろ) 노랑
黒(くろ) 검정	白(しろ) 흰색	紫(むらさき) 보라색
緑(みどり) 초록	オレンジ色(いろ) 오렌지색	茶色(ちゃいろ) 갈색

5 값 깎기

これはいくらですか。

이것은 얼마입니까?

1万円(まんえん)です。

만 엔입니다.

ええっ、高(たか)すぎますね。

예? 좀 비싸네요.

もっと安(やす)くなりませんか。

좀 싸게 안 됩니까?

ちょっと値引(ねび)きしてくださいませんか。

조금 깎아주시지 않겠습니까?

9千円(せんえん)ならお売(う)りできます。

9천 엔이라면 팔 수 있습니다.

6 계산

全部(ぜんぶ)でいくらですか。

전부 얼마입니까?

3万(まん)5千円(せんえん)です。

3만 5천 엔입니다.

現金(げんきん)ですか、クレジットカードですか。

현금으로 하겠습니까, 카드로 하겠습니까?

現金(げんきん)です。

현금으로 하겠습니다.

4万円(まんえん)お預(あず)かりいたします。

4만 엔 받았습니다.

5千円(せんえん)のお返(かえ)しです。お確(たし)かめください。

5천 엔 거스름돈입니다. 확인해 보세요.

韓国(かんこく)へ送(おく)ってもらえますか。

한국으로 배송도 가능합니까?

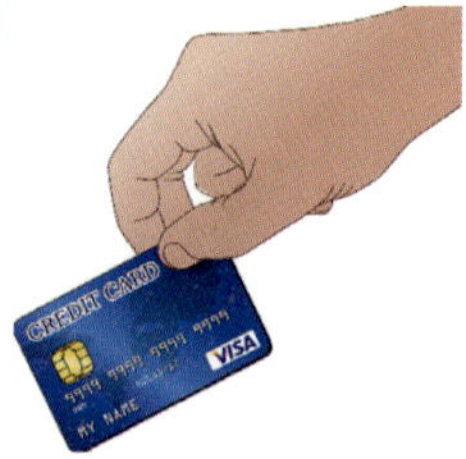

とどけてください。

배달해 주세요.

こちらにお名前(なまえ)と住所(じゅうしょ)を書(か)いてください。

이쪽에 이름과 주소를 써 주세요.

ビザカードは使(つか)えますか。

비자카드를 사용할 수 있습니까?

ドルで払(はら)ってもいいですか。

달러로 지불해도 됩니까?

おつりが違(ちが)っています。

거스름돈이 잘못되었습니다.

代金(だいきん)はもう払(はら)いました。

대금은 이미 지불했습니다.

領収書(りょうしゅうしょ)をください。

영수증을 주세요.

これが領収書(りょうしゅうしょ)です。

이것이 영수증입니다.

No. SR119674

領 収 証

空旅ドットコム

株式会社空旅ドットコム　様

入金日 2010年 8月 8日

金額 ¥34,100-

但、航空券代として

銀行振り込み

株式会社 空旅ドットコム

TEL:03 3769 3571 FAX:03 3769 3572

관광

1 관광안내소

すみませんが、市内(しない)の地図(ちず)をください。

미안합니다만, 시내 지도를 주십시오.

はい、どうぞ。

예, 여기 있어요.

韓国語(かんこくご)のものもありますか。

한국어로 된 것도 있습니까?

はい、こちらです。

예, 이쪽에 있습니다.

ここから代々木公園まで遠いですか。

여기서 요요기 공원까지는 멉니까?

あまり遠くありません。

그다지 멀지 않습니다.

歩いて何分ぐらいですか。

걸어서 몇 분 정도입니까?

10分ぐらいです。

10분 정도입니다.

この地図で、どこになりますか。

이 지도에서 어디쯤입니까?

ここです。

여기입니다.

1. 일본의 여행 관련 속담

- 可愛(かわい)い子(こ)には旅(たび)をさせよ。

  귀여운 아이에게 여행을 시켜라.

- 旅(たび)の恥(はじ)はかき捨(す)て

  여행지에는 아는 사람도 없고 오래 머물지도 않으므로 무슨 짓을 하건 상관없다.

- 行(ゆ)き大名(だいみょう)の帰(かえ)り乞食(こじき)

  여행을 갈 때는 호화롭게 돈을 쓰고 귀로에는 여비가 모자람.

2 단체관광

団体観光(だんたいかんこう)に参加(さんか)したいんですが、
どんな種類(しゅるい)のツアーがありますか。

단체관광에 참가하고 싶습니다만,
어떤 종류의 여행상품이 있습니까?

一日(いちにち)コースとナイトツアーがあります。

하루코스와 나이트 투어가 있습니다.

一日(いちにち)コースがいいのですが、どこをまわりますか。

하루코스가 좋습니다만, 어디를 도는 코스입니까?

午前(ごぜん)8時にホテルを出発(しゅっぱつ)して、まず銀座(ぎんざ)に行って、その後(あと)いくつかの名所(めいしょ)を経(へ)て、靖国神社(やすくにじんじゃ)を最後(さいご)に、午後5時(ごごじ)にホテルに戻(もど)ってきます。

오전 8시에 호텔을 출발해서, 먼저 긴자로 가고, 그 뒤에 몇 군데의 명소를 거쳐, 야스쿠니 신사를 마지막으로 오후 5시에 호텔로 돌아옵니다.

いいですね。一人当(ひとりあ)たりいくらですか。

좋군요. 한 사람 당 얼마입니까?

8千円(せんえん)です。

8000엔입니다.

バスはどこから出(で)ますか。

버스는 어디서 출발합니까?

7時(じ)50分(ぷん)までに

ホテルのロビーで待(ま)っていてください。

7시 50분까지
호텔로비에서 기다려 주십시오.

はい、どうも。

예, 고마워요.

3 거리에서

上野公園(うえのこうえん)はどこにありますか。

우에노 공원은 어디에 있습니까?

すみませんが、

帝国(ていこく)ホテルへ行(い)く道(みち)を教(おし)えてください。

미안합니다만,
데이코쿠 호텔까지 가는 길을 가르쳐 주십시오.

右(みぎ)に曲(ま)がって、3ブロック歩(ある)いてください。

오른쪽으로 돌아서 3블록 걸어가세요.

歩(ある)いて5分(ふん)ぐらいです。

걸어서 5분 정도입니다.

この道(みち)をまっすぐ行(い)ってください。

이 길을 곧장 가세요.

何(なに)か目印(めじるし)はありますか。

뭔가 표시가 있습니까?

この住所(じゅうしょ)はどのように行(い)ったらよいでしょうか。

이 주소는 어떻게 가면 되겠습니까?

私(わたし)がご案内(あんない)します。私(わたし)についていらっしゃい。

제가 안내하겠습니다. 저를 따라오세요.

歩(ある)いて皇居(こうきょ)まで行(い)けますか。

걸어서 고쿄까지 갈 수 있습니까?

バスに乗(の)った方(ほう)がいいですよ。

버스를 타는 편이 좋습니다.

4 공연

歌舞伎(かぶき)はどこで見(み)られますか。

가부키는 어디서 볼 수 있습니까?

歌舞伎座(かぶきざ)です。

가부키좌입니다.

どこで切符(きっぷ)を買(か)えますか。

어디서 표를 살 수 있습니까?

入場料(にゅうじょうりょう)はいくらですか。

입장료는 얼마입니까?

一番安(いちばんやす)い席(せき)はいくらですか。

제일 싼 좌석은 얼마입니까?

案内してくださいませんか。

안내해 주시지 않겠습니까?

私についてきてください。

저를 따라오세요.

この席は空いていますか。

이 자리는 비어 있습니까?

はい、空いています。

예, 비어 있습니다.

一度外に出て再入場できますか。

한 번 밖으로 나가도 재입장할 수 있습니까?

すみませんが、ご遠慮ください。

미안합니다만, 삼가해 주세요.

5 사진

- 미술관(美術館)이나 박물관(博物館)에서는 사진촬영(写真撮影)을 금지하는 곳이 있으므로 주의해야 한다.

ここで写真をとってもいいですか。

여기서 사진을 찍어도 됩니까?

はい、いいです。

예, 상관없습니다.

では、シャッターを押してくださいませんか。

그럼 셔터를 눌러 주시지 않겠습니까?

はい、いいです。

예, 좋습니다.

あの建物(たてもの)を入れてください。

저 건물을 넣어 주세요.

はい、チーズ。

예, 치즈.

後(あと)で写真(しゃしん)を送(おく)ります。
メールアドレスを教(おし)えてください。

나중에 사진을 보내드리겠습니다.
메일주소를 가르쳐 주세요.

6 스포츠

ゴルフをしたいのですが、
近(ちか)くに適当(てきとう)なコースはありますか。

골프를 하고 싶습니다만,
근처에 적당한 코스가 있습니까?

ゴルフの予約(よやく)をお願(ねが)いします。

골프 예약을 부탁합니다.

はい、いつがいいですか。

예, 언제가 좋겠습니까?

8時(じ)スタートならできますが。

8시부터라면 가능합니다만.

お願(ねが)いします。

예, 부탁합니다.

7 도난 및 분실

- 도난을 당했을 때, 호텔 안에서라면 프런트(フロント)로, 거리에서라면 경찰서로 간다.
- 여권(パスポート)을 분실했을 때는 현지에 있는 한국 대사관(大使館(たいしかん))이나 영사관(領事館(りょうじかん))으로 간다. 재발급 받을 때에는 시간과 돈이 필요하므로 분실하지 않도록 주의해야 한다.

バッグをなくしてしまいました。
가방을 잃어버렸습니다.

中(なか)にはパスポートとお金(かね)が入(はい)っています。
가방 안에는 여권과 돈이 들어 있습니다.

どこでなくしたのか覚(おぼ)えていますか。
어디서 잃어버렸는지 기억하고 있습니까?

タクシーにバッグを置(お)き忘(わす)れました。
택시에 가방을 두고 내렸습니다.

병원

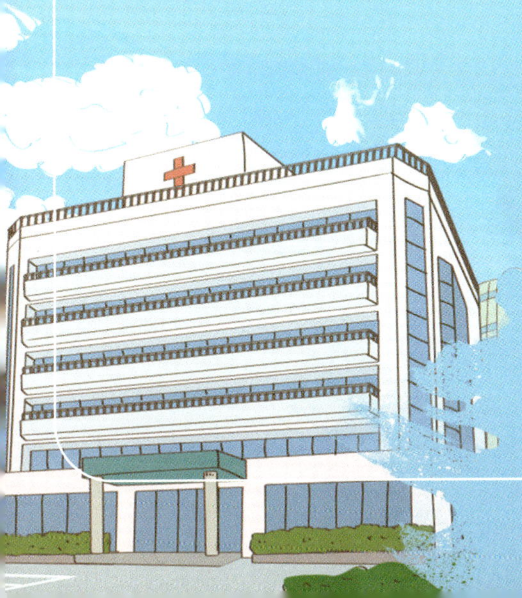

1 의료사정

- 일본의 종합병원 복도에는 빨강, 노랑, 파랑, 초록 등 다양한 색깔의 줄이 있다.
  예를 들어 빨강은 내과, 노랑은 소아과, 초록은 안과… 등으로 색깔로 각 과를 구분할 수 있다.
- 일본의 개인병원, 의원 등의 진료시간은 평일 오전 9~12시, 오후 2~5시까지이다. 종합병원이나 대학병원에서는 외래접수가 오전 11시까지인 병원이 많다.
- 일본에서 병원을 이용할 때, 의료보험증이 없으면 치료비가 상당히 비싸므로 1년 이상 일본에 체류할 경우 국민건강보험에 가입하는 것이 좋다.
- 최근 일본의 약국들은 미국의 드럭스토어(Drugstore)처럼, 약은 물론 세제, 샴푸, 면도크림, 치약, 화장품, 물베개, 체온기, 모기향, 전기모기매트, 일회용 면도날, 비누, 살충제, 생리용품, 티슈, 화장지, 종이 기저귀, 심지어는 애완용 개나 고양이의 먹이까지도 취급하고 있다.

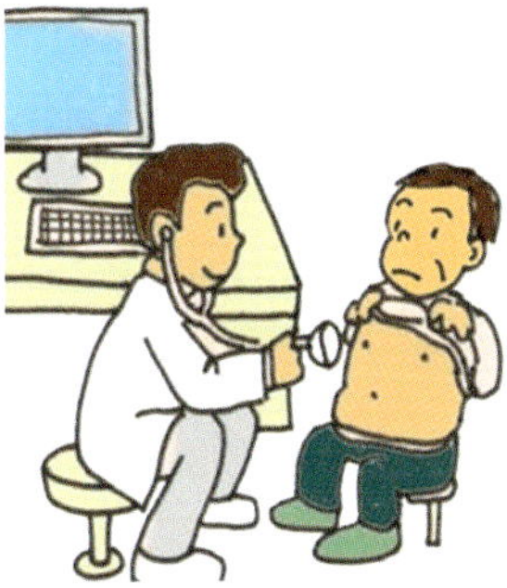

内科(ないか)
내과

小児科(しょうにか)
소아과

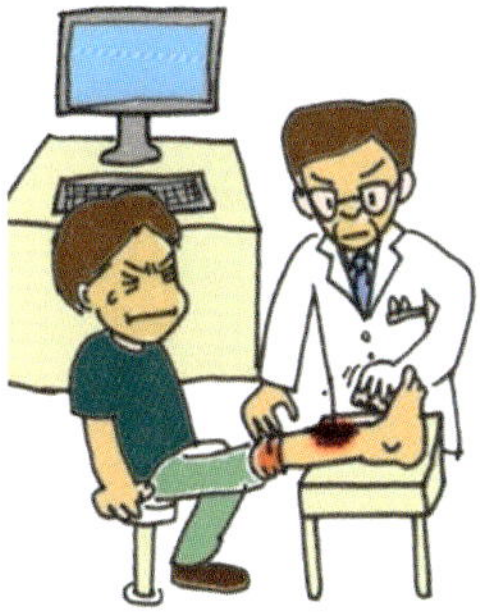

外科(げか)
외과

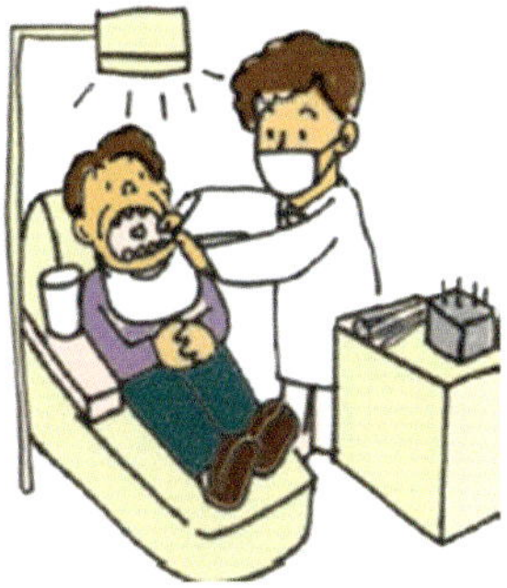

歯科(しか)
치과

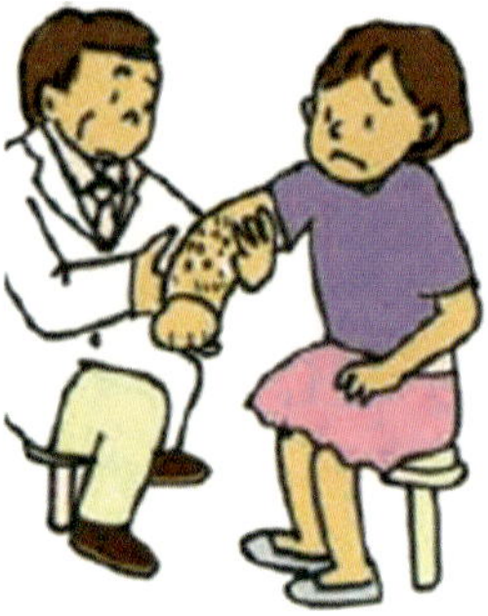

皮膚科(ひふか)

피부과

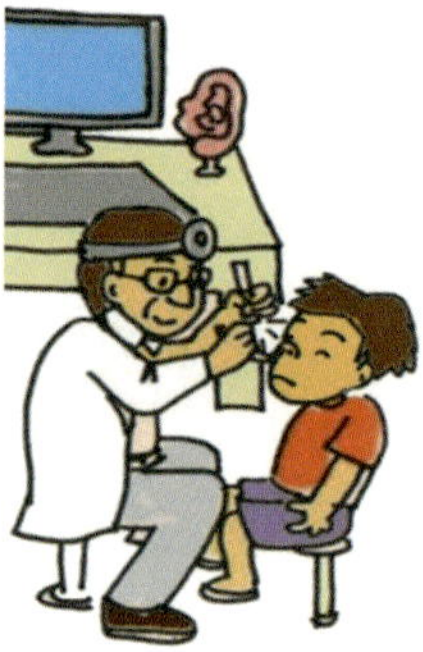

耳鼻科(じびか)

이비인후과

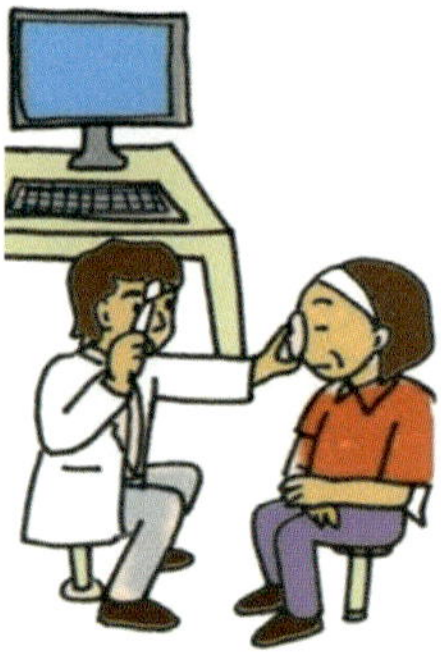

眼科(がんか)

안과

産婦人科(さんふじんか)

산부인과

うけつけ
受付
접수

けんこうほけんしょう
健康保険証
건강보험증

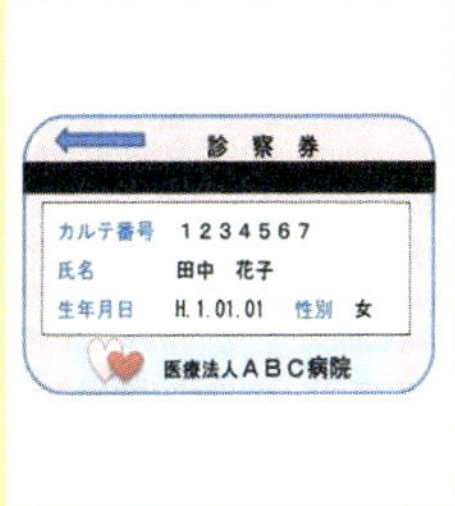

しんさつけん
診察券
진찰권

もんしんひょう
問診票
문진표

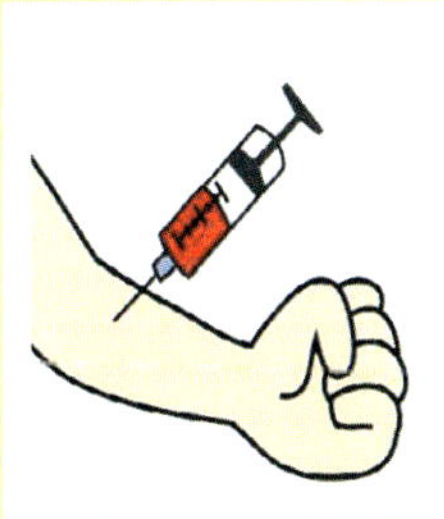

けつえきけんさ
血液検査
혈액검사

ちゅうしゃ
注射
주사

まちあいしつ
待合室
대합실

しんさつしつ
診察室
진찰실

かいけい
会計
회계

2 인체

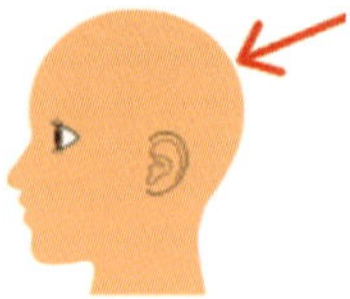

頭(あたま) 머리

つむじ 가마

髪(かみ)の毛(け) 머리카락

顔(かお) 얼굴

おでこ 이마

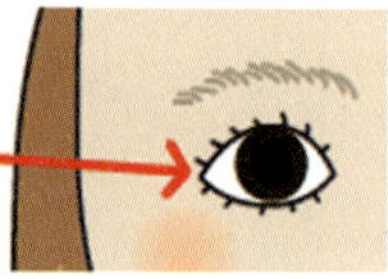

目(め) 눈

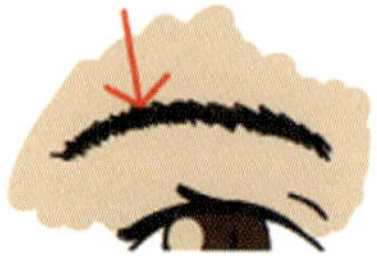

まゆげ 눈썹

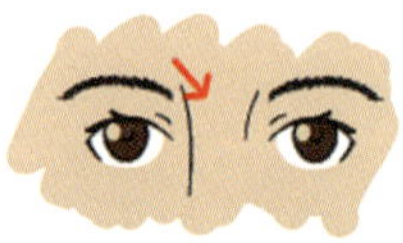

眉間(みけん) 미간

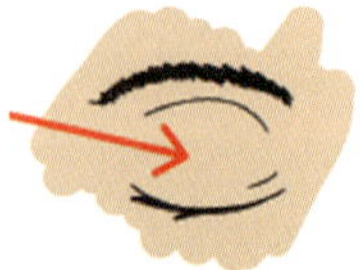

まぶた 눈꺼풀

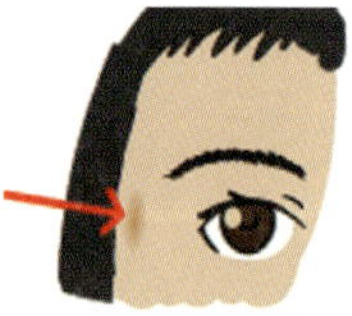

こめかみ 관자놀이

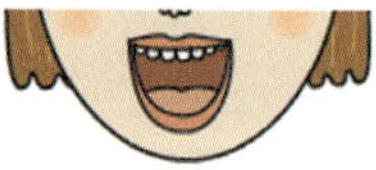

口(くち) 입

歯(は) 이

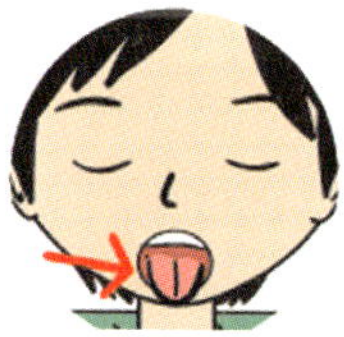

舌(した) 혀

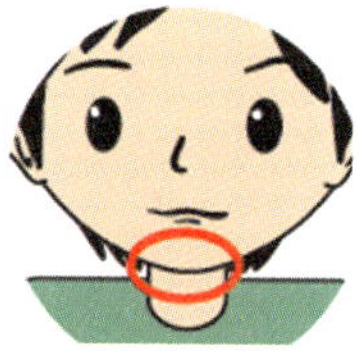

あご 턱

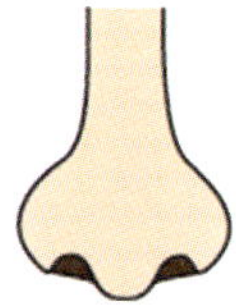

鼻(はな) 코

耳(みみ) 귀

ほほ 뺨

えくぼ 보조개

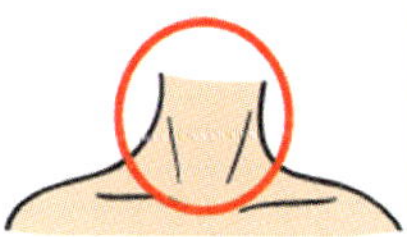

首(くび) 목

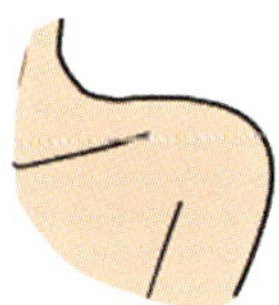

肩(かた) 어깨

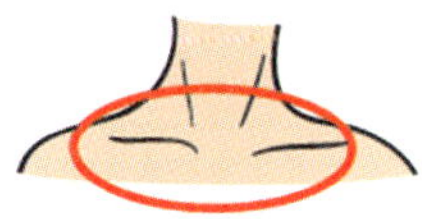

鎖骨(さこつ) 쇄골

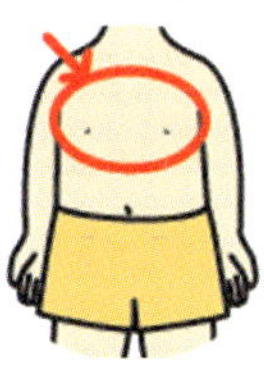

胸(むね) 가슴

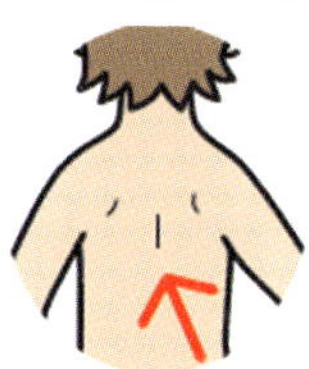

背中(せなか) 등

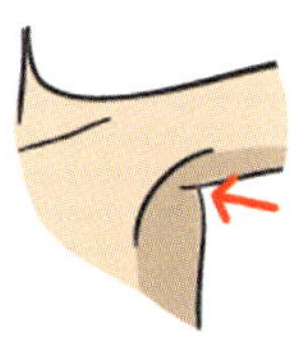

わき 겨드랑이

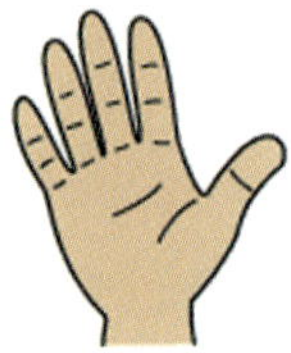

手(て) 손

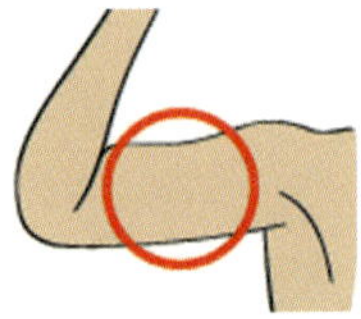

にのうで 위팔

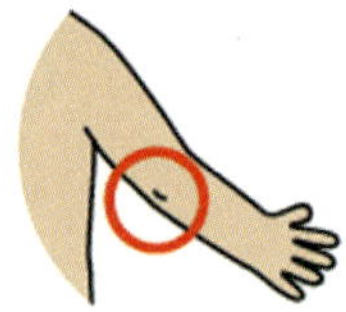

ひじ 팔꿈치

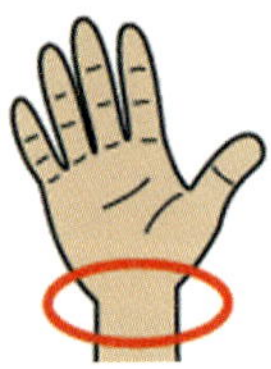

手首(てくび) 손목

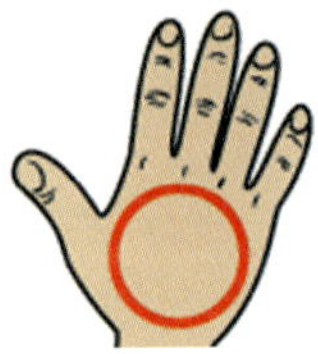

手の甲(てのこう) 손등

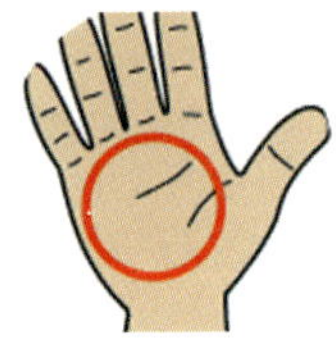

手の平(てのひら) 손바닥

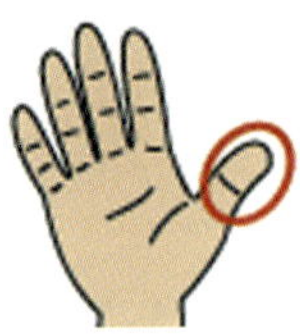

親指(おやゆび) 엄지

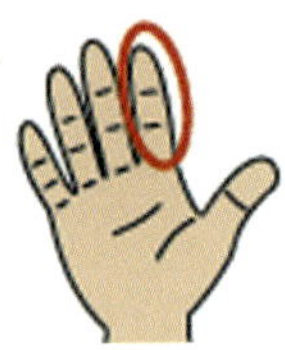

人指し指(ひとさしゆび) 검지

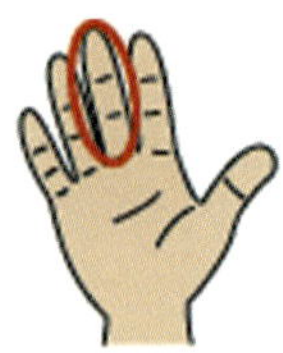

中指(なかゆび) 중지

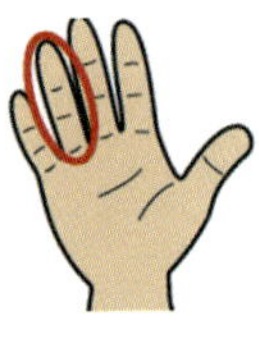

薬指(くすりゆび) 약지

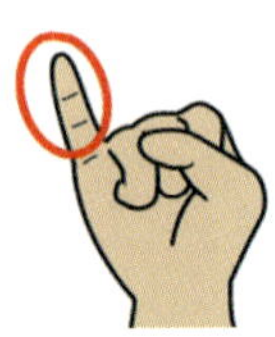

小指(こゆび) 새끼손가락

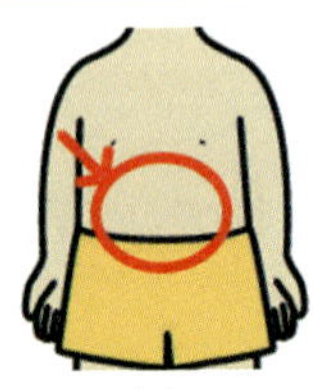

お腹(おなか) 배

へそ 배꼽

腰(こし) 허리

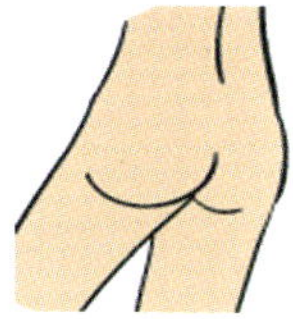

お尻(しり) 엉덩이

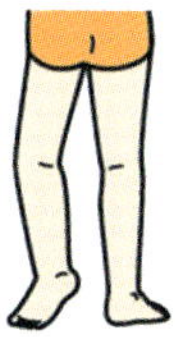

足(あし) 발

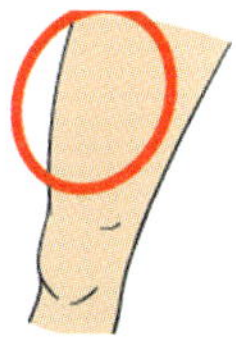

ふともも 넓적다리

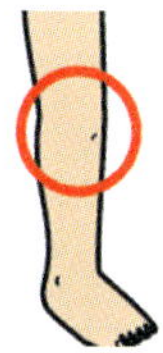

ひざ 무릎

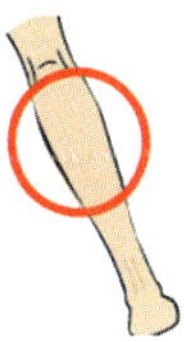

ふくらはぎ 장딴지

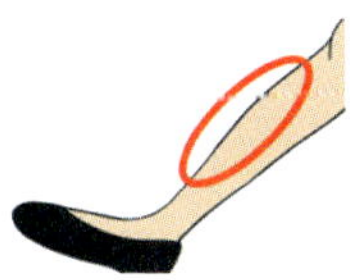

すね 정강이

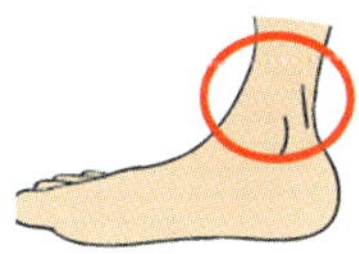

足首(あしくび) 발목

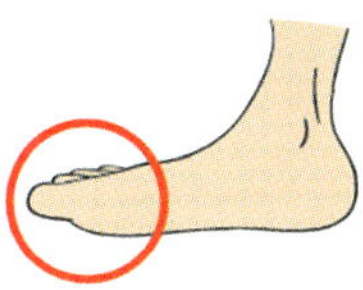

つまさき 발끝

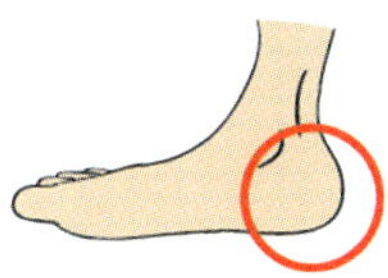

かかと 발뒤꿈치

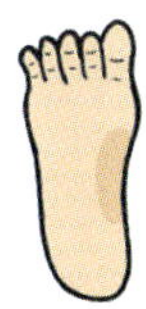

足(あし)の裏(うら) 발등

3 병원 서류

受付(うけつけ) 접수	問診票(もんしんひょう) 문진표

- はじめての時(とき)、「受付(うけつけ)」で「問診票(もんしんひょう)」をもらいます。

먼저 접수처에서 문진표를 받습니다.

의사에게 : 필요한 지시사항을 공란에 기입해 주세요.

お医者様に：必要な指示を下の空欄にお書きください。

☐ 내일 あした　☐ 모레 あさって　☐ 3일 후 みっかご

시(時)　분(分)

☐ 다시 한 번 진찰을 받으십시오.

もう 一度 来て ください。

☐ 될 수 있으면 다시 한 번 진찰을 받으십시오.

できれば もう 一度 来て ください。

☐ 증세가 나쁘면 다시 한 번 진찰을 받으십시오.

ぐあいが 悪ければ もう 一度 来て ください。

☐ 적어도( )일간은 안정을 취해 주십시오.

少なくとも(　　)日間は 安静に して ください。

☐ 기분이 좀 더 좋아지면 계속 여행을 해도 좋습니다.

気分が悪くなければそのまま旅を続けても結構です。

☐ 간호사에게 약을 받은 후, 지시에 따라 복용해 주세요.

看護師さんから薬を受けとって、指示通り飲んでください。

1일(　　)회　(　　)정 복용

1日(　　)回　(　　)錠服用

☐ 식전(食前)　☐ 식후(食後)　☐ 취침 전(就寝前)

☐ 통증을 참을 수 없을 때에만 이 약을 복용해 주세요.

痛みが耐えがたい時に限り、この薬を 飲みなさい。

치료를 부탁합니다.
治療をお願いします。

증세는 다음과 같습니다.
症状は以下の通りです。

성명(名前):　　　　　　　　연령(年齢):

주소(住所):

(당신의 증세에 동그라미를 쳐 주십시오.)

☐ 어젯밤부터 昨夜から　☐ 어제부터 昨日から　☐ 그저께부터 おとといから　☐ 삼일 전부터 三日前から

☐ 위 胃　☐ 머리 頭　☐ 가슴 胸　☐ 눈 目　☐ 귀 耳　☐ 치아 歯

☐ 열이 있다 熱がある　☐ 한기가 있다 寒気がする　☐ 두통이 있다 頭痛がする

☐ 현기증이 있다 めまいがする　☐ 귀가 울린다 耳鳴りがする　☐ 가슴이 두근거리고 떨린다 どうきがする

☐ 통증이 심하다 激しい痛み　☐ 무지근하게 아픔 鈍痛　☐ 계속 통증이 있다 絶えず痛む

☐ 가끔 통증이 있다 時々痛む

☐ 저는 항생물질에 대해 알레르기 체질입니다.
私は抗生物質に対し、アレルギー症状を示します。

4 병원

この近くに病院はありますか。
이 근처에 병원은 없습니까?

救急車を呼んでください。
구급차를 불러 주세요.

どうしましたか。
어떤 일이에요.

はい、友達が急に倒れました。
예, 친구가 갑자기 쓰러졌어요.

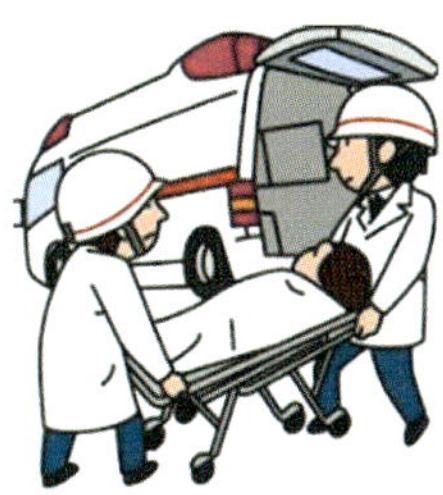

病院に連れていってください。
병원에 데리고 가 주세요.

どこかいい病院を紹介してください。
어디 좋은 병원을 소개해 주세요.

医者を呼んでください。
의사를 불러 주세요.

風邪(かぜ) 감기	鼻風邪(はなかぜ) 코감기	結核(けっかく) 결핵	癌(がん) 암
肺病(はいびょう) 폐병	喘息(ぜんそく) 천식	貧血(ひんけつ) 빈혈	頭痛(ずつう) 두통
麻痺(まひ) 마비	蓄膿症(ちくのうしょう) 축농증	骨折(こっせつ) 골절	神経痛(しんけいつう) 신경통
胃潰瘍(いかいよう) 위궤양	食(しょく)あたり 식중독	盲腸炎(もうちょうえん) 맹장염	関節炎(かんせつえん) 관절염
消化不良(しょうかふりょう) 소화불량	打撲傷(だぼくしょう) 타박상	はしか 홍역	麻痺(まひ) 마비
アレルギー 알레르기	げり 설사	火傷(やけど) 화상	手術(しゅじゅつ) 수술

5 병의 증상

どこが悪(わる)いんですか。

어디가 좋지 않습니까?

ここが痛(いた)いんですが。

여기가 아픕니까?

頭(あたま)が少し痛(いた)いです。

머리가 조금 아픕니다.

吐(は)き気(け)がします。

구역질이 납니다.

まだ熱(ねつ)がさがりません。

아직 열이 내리지 않습니다.

たぶん食(しょく)あたりだと思(おも)います。

아마 식중독인 것 같습니다.

入院(にゅういん)しなければなりませんか。

입원해야 합니까?

治るのにどのくらいかかりますか。

나을 때까지 어느 정도 걸립니까?

2～3日かかります。

2~3일 걸립니다.

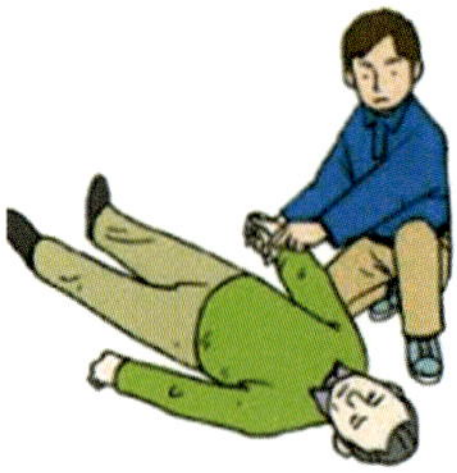

応急処置をしてください。

응급처치를 해주세요.

2～3日ゆっくりお休みなさい。

2~3일 천천히 쉬세요.

診断書をください。

진단서를 주세요.

もうよくなりましたか。

이제 좋아졌습니까?

いいえ、まだ治(なお)りません。

아니오, 아직 낫지 않았습니다.

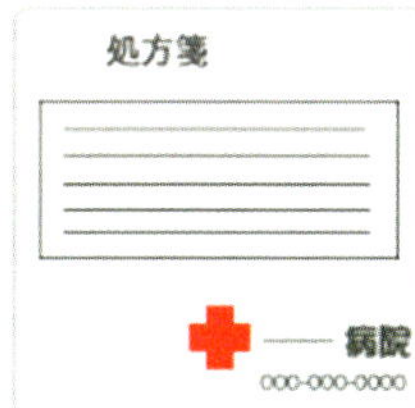

この処方箋(しょほうせん)を持(も)って薬局(やっきょく)へ行(い)ってください。

이 처방전을 가지고 약국으로 가세요.

2時間(にじかん)安静(あんせい)が必要(ひつよう)です。

2시간 정도의 안정이 필요합니다.

たばことアルコール類(るい)は避(さ)けてください。

담배와 알코올 종류는 삼가 주세요.

2日後(ふつかご)にまた来(き)てください。

2일 후에 또 오세요.

頭(あたま)が痛(いた)いです
머리가 아파요.

軽(かる)い頭痛
가벼운 두통

熱(ねつ)があります
열이 있어요.

鼻血(はなぢ)が出ます
코피가 나요.

鼻(はな)がつまります
코가 막혀요.

たんが出(で)ます
가래가 나와요.

お中(なか)が痛(いた)いです
배가 아파요.

せきが出(で)ます
기침이 납니다.

胸(むね)やけがします
가슴이 쓰려요.

胃(い)が痛(いた)いです
위가 아파요.

息苦(いきぐる)しいです
숨이 가빠요.

キリキリ痛(いた)いです
찌르듯이 아파요.

吐気(はきけ)がします
토할 것 같아요.

化膿(かのう)しました
곪았습니다.

貧血気味(ひんけつぎみ)です
빈혈 같습니다.

切傷(きりきず)です
베인 상처입니다.

低血圧(ていけつあつ)です
저혈압입니다.

高血圧(こうけつあつ)です
고혈압입니다.

便秘(べんぴ)をしています
변비입니다.

骨折(こっせつ)しました
뼈가 부러졌습니다.

げりをしました
설사를 했어요.

お腹(はら)をこわしました
배탈이 났어요.

食欲(しょくよく)がありません
식욕이 없습니다.

心臓(しんぞう)がおかしいです
심장이 이상해요.

歯(は)がグラグラします
이가 흔들려요.

詰(つ)め物(もの)がとれました
때운 것이 떨어졌어요.

ひどい頭痛(ずつう)がする
심한 두통이 나다.

頭(あたま)がずきずきします
머리가 쑤셔요.

割(わ)れるような頭痛(ずつう)
깨질 것 같은 두통

目(め)がかすみます
눈이 침침해요.

6 약국

処方箋(しょほうせん)

처방전

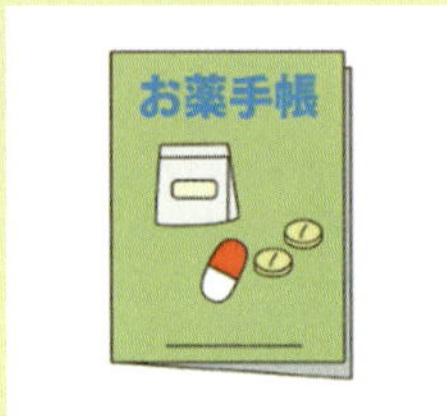

お薬手帳(くすりてちょう)

약국수첩

薬剤師(やくざいし)

약제사

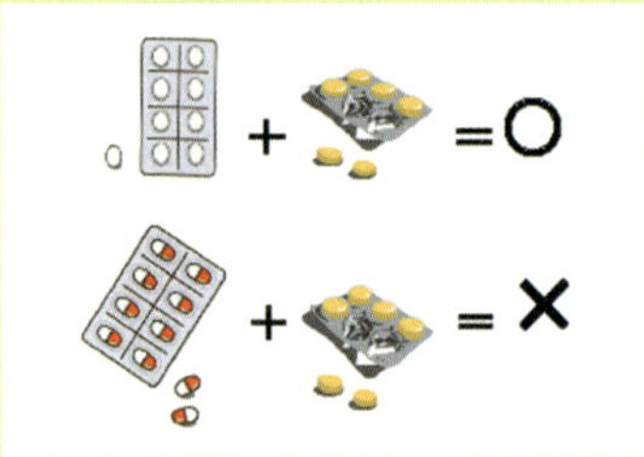

飲(の)み合(あ)わせ

동시 복용

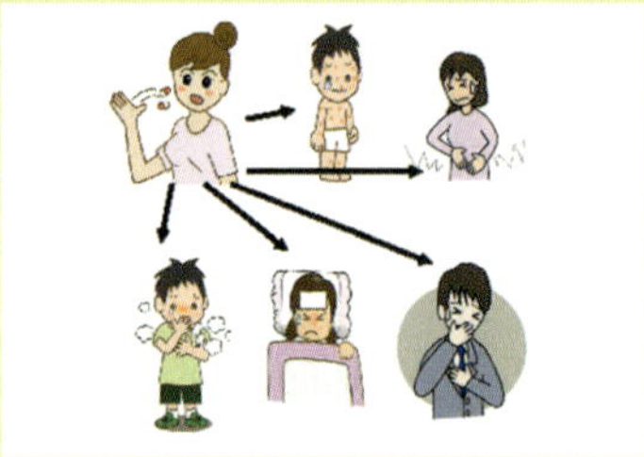

副作用(ふくさよう)

부작용

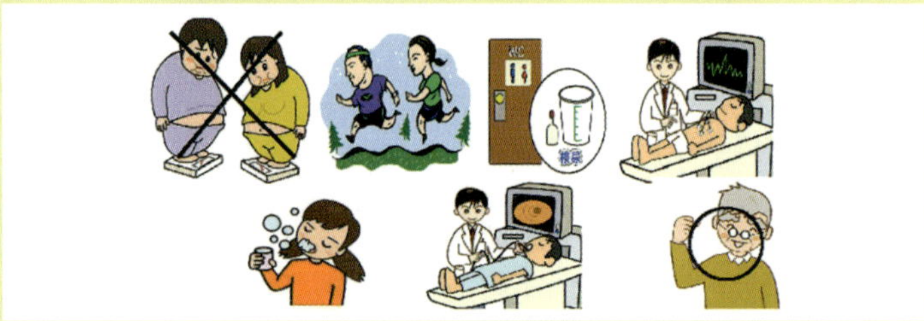

健康管理(けんこうかんり)

건강관리

カプセル 캡슐

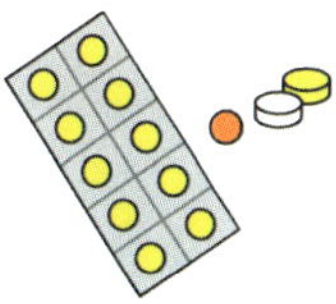

じょうざい 알약

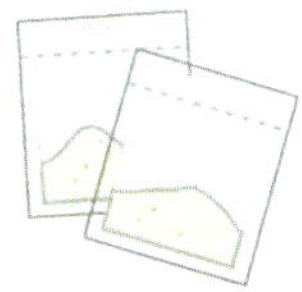

こなぐすり 가루약

シロップ 시럽

のみぐすり 먹는 약

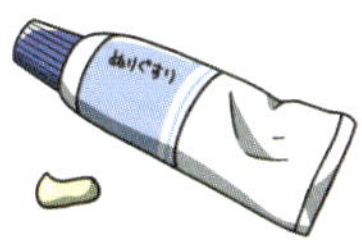

ぬりぐすり 바르는 약

はりぐすり 붙이는 약

めぐすり 안약

薬局
Pharmacy

薬局(やっきょく)はどこですか。

약국은 어디에 있습니까?

この処方箋(しょほうせん)の薬(くすり)をください。

이 처방전의 약을 주세요.

どうやって飲(の)めばいいのですか。

어떻게 먹으면 됩니까?

1日3回(いちにちさんかい)、食後(しょくご)に飲(の)んでください。

하루에 세 번, 식후에 먹으세요.

귀국

1 귀국 절차

- 비행기 출발시간 2시간 전에 공항에 도착하도록 한다. 공항에 도착해서는 자신이 탑승할 항공사의 체크인 카운트로 가서 여권과 항공권을 제시하고 탑승권을 받는다.
- 출국 심사대에 가서 심사관에게 여권과 항공권을 제시한다. 출국 심사관이 여권에 출국 스탬프를 찍고 돌려주는 것으로 출국 심사는 완료된다.
- 탑승권에 적혀 있는 탑승시간과 탑승게이트를 확인한 후, 남은 시간은 면세점 등에서 쇼핑을 하거나 휴식을 취하면 된다. 참고로, 탑승은 비행기 출발 20~30분 전에 시작된다.

1. 귀국 절차

세관 신고서 작성(기내에서) → 항공기 도착 → 귀국심사 → 수하물 회수 → 세관검사 → 귀가

- 세관검사는 입국심사 후 수하물을 찾은 다음 여행자 스스로 면세/과세 통로를 선택하여 통과하면 된다. 12세 미만의 어린이를 제외한 모든 여행자는 기내에서 세관 신고서를 작성하여 세관검사 시 제출하여야 한다.

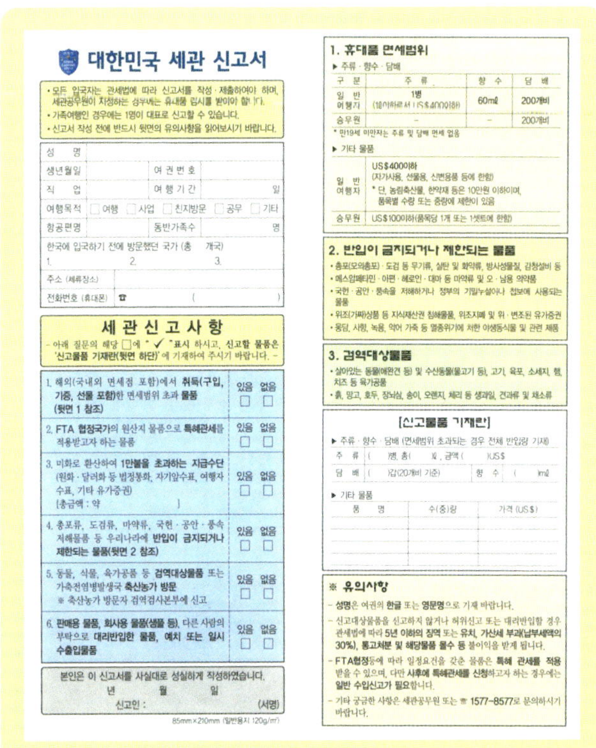

대한민국 세관 신고서

- 모든 입국자는 관세법에 따라 신고서를 작성 · 제출하여야 하며, 세관공무원이 지정하는 경우에는 휴대품 검사를 받아야 합니다.
- 가족여행인 경우에는 1명이 대표로 신고할 수 있습니다.
- 신고서 작성 전에 반드시 뒷면의 유의사항을 읽어보시기 바랍니다.

성 명			
생년월일		여 권 번 호	
직 업		여 행 기 간	일
여행목적	□ 여행 □ 사업 □ 친지방문 □ 공무 □ 기타		
항공편명		동반가족수	명

한국에 입국하기 전에 방문했던 국가 (총 개국)
1. 2. 3.

주소 (체류장소)
전화번호 (휴대폰) ☎ ( )

세 관 신 고 사 항

- 아래 질문의 해당 □에 " ✓ "표시 하시고, 신고할 물품은 '신고물품 기재란(뒷면 하단)'에 기재하여 주시기 바랍니다. -

항목	있음	없음
1. 해외(국내외 면세점 포함)에서 **취득(구입, 기증, 선물 포함)**한 면세범위 초과 **물품** (뒷면 1 참조)	□	□
2. **FTA 협정국가**의 원산지 물품으로 **특혜관세**를 적용받고자 하는 물품	□	□
3. 미화로 환산하여 **1만불을 초과하는 지급수단** (원화 · 달러화 등 법정통화, 자기앞수표, 여행자수표, 기타 유가증권) [총금액 : 약]	□	□
4. 총포류, 도검류, 마약류, 국헌 · 공안 · 풍속 저해물품 등 우리나라에 **반입이 금지되거나 제한되는 물품(뒷면 2 참조)**	□	□
5. 동물, 식물, 육가공품 등 **검역대상물품** 또는 가축전염병발생국 **축산농가 방문** ※ 축산농가 방문자 검역검사본부에 신고	□	□
6. **판매용 물품, 회사용 물품(샘플 등)**, 다른 사람의 부탁으로 **대리반입한 물품, 예치 또는 일시 수출입물품**	□	□

본인은 이 신고서를 사실대로 성실하게 작성하였습니다.
년 월 일
신고인 : (서명)

85mm×210mm (일반용지 120g/㎡)

1. 휴대품 면세범위

▶ 주류 · 향수 · 담배

구 분	주 류	향 수	담 배
일 반 여행자	1병 (1ℓ이하로서 US$400이하)	60mℓ	200개비
승무원	-	-	200개비

* 만19세 미만자는 주류 및 담배 면세 없음

▶ 기타 물품

일 반 여행자	US$400이하 (자가사용, 선물용, 신변용품 등에 한함) * 단, 농림축산물, 한약재 등은 10만원 이하이며, 품목별 수량 또는 중량에 제한이 있음
승무원	US$100이하(품목당 1개 또는 1세트에 한함)

2. 반입이 금지되거나 제한되는 물품

- 총포(모의총포) · 도검 등 무기류, 실탄 및 화약류, 방사성물질, 감청설비 등
- 메스암페타민 · 아편 · 헤로인 · 대마 등 마약류 및 오 · 남용 의약품
- 국헌 · 공안 · 풍속을 저해하거나 정부의 기밀누설이나 첩보에 사용되는 물품
- 위조(가짜)상품 등 지식재산권 침해물품, 위조지폐 및 위 · 변조된 유가증권
- 웅담, 사향, 녹용, 악어 가죽 등 멸종위기에 처한 야생동식물 및 관련 제품

3. 검역대상물품

- 살아있는 동물(애완견 등) 및 수산동물(물고기 등), 고기, 육포, 소세지, 햄, 치즈 등 육가공품
- 흙, 망고, 호두, 장뇌삼, 송이, 오렌지, 체리 등 생과일, 견과류 및 채소류

[신고물품 기재란]

▶ 주류 · 향수 · 담배 (면세범위 초과되는 경우 전체 반입량 기재)

주 류	( )병, 총( )ℓ, 금액( )US$		
담 배	( )갑(20개비 기준)	향 수	( )mℓ

▶ 기타 물품

품 명	수(중)량	가격 (US$)

※ 유의사항

- **성명**은 여권의 **한글** 또는 **영문명**으로 기재 바랍니다.
- 신고대상물품을 신고하지 않거나 허위신고 또는 대리반입할 경우 관세법에 따라 **5년 이하의 징역** 또는 **유치, 가산세 부과(납부세액의 30%), 통고처분 및 해당물품 몰수 등** 불이익을 받게 됩니다.
- **FTA협정**등에 따라 일정요건을 갖춘 물품은 **특혜 관세를 적용** 받을 수 있으며, 다만 **사후에 특혜관세를 신청**하고자 하는 경우에는 **일반 수입신고가 필요**합니다.
- 기타 궁금한 사항은 세관공무원 또는 ☎ 1577-8577로 문의하시기 바랍니다.

2 공항에서

- 항공회사 카운터로 가서 항공권을 건넨다.
- 가방 등 무거운 짐은 맡기고 인환증을 받는다.
- 보디 체크를 받고 탑승 대합실로 간다.
- 남은 엔(円)이나 달러는 한국에 돌아와서 교환한다.

KALのカウンターはどこですか。
KAL 카운터는 어딥니까?

いらっしゃいませ。
어서 오세요.

チェックインしたいんですが。
체크인하고 싶습니다만.

パスポートを見(み)せてください。

여권을 보여주세요.

はい、どうぞ。

예, 여기 있어요.

金(キム)さま、KAL754便(びん)、ソウル行(ゆ)きですね。

김길동님, KAL754편 서울행이군요.

はい。

예.

お荷物(にもつ)はいくつですか。

짐은 몇 개입니까?

二(ふた)つです。

2개입니다.

貴重品(きちょうひん)やこわれものはございませんか。

귀중품이나 깨어지는 것은 없습니까?

ありません。

없습니다.

手荷物お預かりサービス

3 귀국 수속

お待(ま)たせいたしました。

기다렸습니다.

こちらが搭乗券(とうじょうけん)です。

이것이 탑승권입니다.

30分前(ぷんまえ)には入場(にゅうじょう)してください。

30분 전에는 입장해 주세요.

はい、わかりました。

예, 알겠습니다.

ありがとうございました。

감사합니다.

4 출국심사

パスポートをお見(み)せください。

여권을 보여주세요.

はい、これです。

예, 이것입니다.

バッグはこの中(なか)に入(い)れてください。

가방을 이 안에 넣어 주세요.

はい。

예.

申告(しんこく)する物(もの)はありませんか。

신고할 물건은 없습니까?

はい、ありません。

예, 없습니다.

5 면세점

免税(めんぜい)で買(か)えますか。

면세로 살 수 있습니까?

免税(めんぜい)になります。

면세가 됩니다.

免税(めんぜい)になりません。

면세가 안 됩니다.

お菓子(かし)はありますか。

과자는 있습니까?

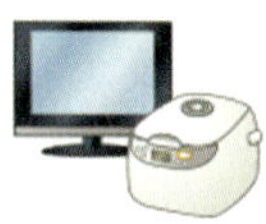

これは、京都(きょうと)ならではのお菓子(かし)です。

이것은 교토의 명물과자입니다.

これがお勧(すす)めです。

이 상품을 추천해 드립니다.

別々(べつべつ)に包装(ほうそう)しますか。

따로따로 포장해 드릴까요?

免税店(めんぜいてん)の割引券(わりびきけん)は使(つか)えますか。

면세점 할인권은 사용할 수 있습니까?

韓国(かんこく)ウォンで払(はら)ってもいいですか。

한국 원으로 지불해도 됩니까?

カードでお支払(しはら)いしたいです。

카드로 지불하고 싶습니다.

ありがとうございました。

감사합니다.

またお越(こ)しくださいませ。

또 오십시오.

6 귀국

大韓航空(だいかんこうくう)よりご搭乗(とうじょう)のご案内(あんない)を申(もう)し上(あ)げます。

대한항공에서 탑승 관련 안내말씀 드립니다.

KAL747便(びん)にてソウルへご出発(しゅっぱつ)のお客様(きゃくさま)はただいまより搭乗口(とうじょうぐち)の3番(ばん)ゲートよりご搭乗(とうじょう)くださいませ。

KAL 747편으로 서울로 출발하시는 손님들은 지금부터 탑승구 3번 게이트에서 탑승해 주세요.

航路上(こうろじょう)の天候(てんこう)は雲(くも)が多(おお)く揺(ゆ)れが予想(よそう)されますので、ご注意下(ちゅういくだ)さい。ソウル地方(ちほう)のお天気(てんき)は晴(は)れ、気温(きおん)は15°Cとのことです。

항로상 기후는 구름이 많아서 흔들림이 예상되기 때문에 주의해 주세요. 서울지방의 날씨는 맑고, 기온은 15°C입니다.

みなさま、こんにちは。本日(ほんじつ)もKAL754便(びん)、ソウル行(ゆ)きをご利用(りよう)いただきましてまことにありがとうございます。ただいまからこの754便は金浦空港(くうこう)に向(む)けて出発(しゅっぱつ)いたします。

여러분, 안녕하세요. 오늘도 KAL754편, 서울행을 이용해 주셔서 정말 감사합니다. 지금부터 이 754편은 김포공항을 향해 출발하겠습니다.

저자약력

박복원

현) 한국국제대학교 관광일어학과 교수

저서

이미지로 배우는 일본어(백산출판사)
호텔리어 실무일어(백산출판사)
일본어는 재미있다(백산출판사)
일본정보뱅크(백산출판사) 외 다수

논문

韓日漂泊詩人에 관한 研究(일본스미토모연구재단 연구지원 논문)
芭蕉와 孤山의 自然観 比較 研究(일본국제교류기금 연구지원 논문)
芭蕉의 無常観 研究(한국일본근대학회) 외 다수

강희석

현) 경주온천관광호텔 총지배인

저서

의료관광 일본어(백산출판사) 외 다수

논문

비즈니스 호텔의 전략적 제휴 구성요인과 성과인식에 미치는 영향관계에 관한 연구
레스토랑 산업에서 조직행동과 조직몰입에 관한 효과 및 신뢰에 관한 효과
중저가호텔의 전략적 제휴 구성요인이 성과인식에 미치는 영향에 관한 연구
감정근로자의 대인관계 스트레스가 직무태도와 이직의도에 미치는 영향에 관한 연구
남해안 해양관광 개발 방향을 위한 전략 연구 외 다수

최태화

현) 경희대학교 외국어대학 학술연구교수
　　한국일본문화학회 이사/한국일본언어문화학회 이사

저서

春水人情本の研究―同時代性を中心に―(若草書房 : 日本)

논문

일본 근세 광고문학과 슌스이닌조본에 보이는 광고의 역할 외 다수

이재성

현) 마산대학교 일본어커뮤니케이션과 교수

저서

호텔실무일본어(마산대학교 출판부)
호텔객실관리(마산대학교 출판부)
한국 문화의 이해(마산대학교 출판부)
일본어 한자의 활용(마산대학교 출판부) 외 다수

논문

일본 온천문화 교류를 통한 관광활성화(마산대학교 논문집) 외 다수

저자와의
합의하에
인지첩부
생략

일본어로 즐기는 여행

2017년 6월 10일 초판 1쇄 인쇄
2017년 6월 15일 초판 1쇄 발행

지은이 박복원 · 강희석 · 최태화 · 이재성
펴낸이 진욱상
펴낸곳 백산출판사
교 정 편집부
본문디자인 박채린
표지디자인 오정은

등 록 1974년 1월 9일 제1-72호
주 소 경기도 파주시 회동길 370(백산빌딩 3층)
전 화 02-914-1621(代)
팩 스 031-955-9911
이메일 edit@ibaeksan.kr
홈페이지 www.ibaeksan.kr

ISBN 979-11-5763-377-7
값 16,000원